表現者としての一休

——「恋法師一休」の艶詩・愛の詩を読む

目次

表現者としての一休

――「恋法師一休」の艶詩・愛の詩を読む

一休はいかなる僧にありけるか諸説の陰に正体隠せり
笑止なりかたくなにわが生涯を糊塗せんとする禅坊主らの言

一休和尚の靈　詠

――茂原才欠《もはらさいかく》『塵芥集』より

賛一休和尚

澤庵和尚

虚堂七世老禪師
曲彔木牀吟艷詩
自号狂雲不狂客
實頭人是可難知

虚堂七世の老禅師
曲彔木牀《きょくろくもくしょう》に艶詩を吟ず。
自ら狂雲と号して狂客ならず、
実頭の人是《また》知りがたかるべし。

はじめに

狂風偏界不曾蔵
吹起狂雲狂更狂

狂風偏界《きょうふうへんかい》曾《かつ》て　蔵《かくさ》ず
吹き起こす狂雲　狂　更に狂

著者の意図すること。閑人による一休文学垣覗き

本書はわが国の中世つまりは未曽有の動乱と創造の時代であり、まさに乱世にして狂気の時代でもあった室町時代に野僧として地を這うようにして民衆とともに生き、八八年の長きにわたって苛烈剛直にその生涯を貫いた、稀代の奇僧にして傑僧たる一休宗純和尚のごく限られた一側面についての気ままな随想である。つまりは、横文字屋を廃業した一読書人が、『狂雲集』の中から一休の一連の詩（偈）を選んで取り上げ、それに関して、狂詩・戯文の徒としての私見、私解を述べたものである。『枯骨閑人放談・薮睨み一休詩垣覗き』というのが、本書にふさわしいタイトルであろう。つまりは閑人による閑業であって、一休研究とか、一休文学論とかいうような本格的な著作とはそもそも質が異なる。学術書でもなければ、研究書でもない。「一休とはかくかくしかじかの人物であった」とか、「これが詩人としての一休の真髄である」というような、大それたことを提示したり主張するものでは、無論ない。信仰心も仏性も微塵ももたぬ、俗な上にもまた俗な人間で、聊か色ボケ爺の気味がある一老耄書客の妄言として、憫笑をもって読み捨てていただければ幸いである。衰老日ごとに募って、老人性痴呆症、認知症の症状が顕著な老骨によ

る随想であるから、整合性、論理性を欠き（時にまた倫理性をも欠き）、話が一休を離れてあちこち飛ぶこともあるが、御寛恕願いたい。

私は、過去にギリシア抒情詩を中心に、東西の恋愛詩を数多く手掛けてきた一読書人として、全体として異様なまでに性の匂いが強烈にただよい、「自己告白的な性的狂詩」（芳賀幸四郎）が随所に見られる『狂雲集』という詩偈集に、老来少なからぬ関心を寄せてきた。それは、詩偈の常として七言絶句という漢詩の体裁を取っているが、私が若い時から親しんできた漢詩つまりは中国の古典詩とも、老来繙くことの多くなった江戸漢詩とも、学僧、詩僧による観念的かつ知的な構成物で、詩興に乏しい五山の詩とも、まったくと言ってよいほど趣を異にする「詩」の集積であるように思われる。（もっとも、『狂雲集』を文芸作品とは見なさず、その続編で、『続狂雲集』とも『狂雲詩集』とも呼ばれている作品群のみを詩だとする見解もある。中本環氏の所説がそれで、『狂雲集』はあくまで頌偈集であって、宗教色の薄い普通の漢詩である『狂雲詩集』のみを一休の文学だと見なすのである。それについて中本環氏は、

中国古典の知識に支えられ、やや類型化した作品が多く、知的に構成された迫力に乏しい題詠的作品が、平板に横たわっている。（『一休宗純の研究』）

と評しているが、これにはまったく同感である。確かに文芸作品、詩としてはこちらは魅力に乏しく、はっきり言ってつまらない。仮に一休が残したものが、『狂雲詩集』だけ

だったとしたら、敢えて取り上げるに値せず、せいぜいのところが、五山文学の周辺にある平凡な一作品集にすぎなかろう。だが『狂雲集』となると話は違ってくる。

室町時代の一代の「風狂の狂客」にして、過酷な禅修行に身を削ると同時に、詩淫と色淫に耽ったこの奇僧が、その生涯を費やして創り上げた詩的言語作品であるこの『狂雲集』は、初めてこれに接した読者を驚倒させずにはおかないものがある。それは、同じく禅僧でありながら、己が詩がしばしば破格のものであることを承知し、「誰か我が詩を詩と謂う／我が詩は是れ詩に非ず」と詠い、「正述心緒」に徹し、みずからの行跡や内面を、真摯かつ誠実に詩句に託して独自の詩的世界を創り上げた良寛の漢詩とも大いに性格と趣を異にしている。但し頽廃堕落し体制化した仏教界の現状を指弾したり、また民衆の塗炭の苦しみをよそに遊興に耽る権力者や、愚昧な為政者への痛憤を込めた詩、世の無道を憤り、人心の荒廃慨嘆する詩をも遺したという点では、両者に共通点がないわけではない。（良寛の宗門つまりは曹洞禅に対する告発、糾弾の激しさは、一休の臨済禅に対するそれに劣らぬものがある。）共に救世済民の志はあったが、両者は行動力がまったく違うと思うのである。一休は動、良寛は静、一休は激情憤怒の人、良寛は温順和顔の人。共に禅門からははみ出した存在であったが、その生き方は大きく異なっている。一休には強烈な自己顕示欲があったが、良寛は隠遁僧として草庵に隠れた。一処不住、動乱の続く畿内を絶えず流浪し、精力的に動き回り、上は天皇から下は下層の民にまで接して、広くその教化に努めたのが一休である。同時にまた、獅子吼大喝して禅門の堕落を糾弾し続けたのが一休である。一方禅者としての厳しい修業に耐え、曹洞禅を極めながらも、檀家制度を定めた幕府の下で役人化して権力機構の一端を担い、葬式業者に堕した寺院仏教に絶望しこれを批判して、どこの寺の住持にもならず、生涯一介の野僧、乞食僧として、郷里の山中の五合庵や乙子神社の草庵で隠遁生活を送り、珠玉のような文学を養ったのが良寛である。良寛は庶民、農民と交わり、手毬をついて村の子供たちと遊んだりはしたが、下化衆生には務めず、周囲の人々を積極的に教化することもなかった。「法華経」にある表現を借りて言えば、一休は衆生の接化に努めた「化他の法師」であり、一方良寛はみずからの修養に専念する「自行の法師」であった。

「幻住の孫真健」なる人物が一休に呈したことになっているが、恐らくは自作かと思われる戯れの詩で、

狂風偏界不曾蔵　　狂風偏界《へんかい》　曾《かつ》て蔵《かく》さず
吹起狂雲狂更狂　　吹き起こす狂雲　狂さらに狂

と奔放不羈なみずから姿を詠ったのが一休であり、隠棲生活の中から生まれた、

やまかげの岩間をつたふ苔水のかすかにわれはすみわたるかも

という歌に、己の姿を託したのが良寛である。ともに禅者が生んだ文学ではあるが、まっ

たくその対照的な生き方をした、この二人が遺した作品もまた大きく性格を異にしている。「詩人の詩」を嫌ったという良寛は自分が詩人・歌人であるという意識はついにもたず、生涯自分の詩や歌をみずからに世に問うことはなかった。これに対して、一方で「詩文は元地獄の工夫」と言いつつも、一休は自分が詩人たることを強く意識し、それを公言してもいる。

慈愛の人である良寛は、人間として好もしく慕わしく、その文学は底部に悲哀を秘めながらも、あたたかく高雅である。これに対して一休は激越で険峻、そう簡単は親しみがたいが、人間として変な魅力がある坊主でもある。良寛は恋人である美しい尼僧貞信尼に看取られ、「死にとうない」と言って遷化したと伝えられるが、一休も愛する盲目の美女森《しん》女《じょ》に看取られつつ「死にとむない」と言いつつ、示寂したそうである。なんと人間的な、と思わざるをえない。悟りすました高僧だの、禅の奥旨を極め尽した禅匠だのとなると、俗人とは異人種のように感じられて近寄りがたいが、その点一休はちょっと違うように思われる。本来煩悩や欲望のかたまりである、人間というものの姿がそこに赤裸々に体現していて、それが救いをもたらしてくれるのである。峻厳な道元禅師となると、恐ろしくて、煩悩にまみれた俗漢には近寄りがたいが、一休にはどこか人を惹きつける力があって、それが魅力と言えば魅力である。

天才詩人、というよりも「癲《てん》才」詩人とでも呼びたくなる、この奇僧が生んだ独自の文学『狂雲集』は、難解晦渋で詩意不透明、しばしば辟易させられもするが、おそろしく個性的で破天荒なその作風には、わが国の他の文学作品にはない、読者を惹きつける独自の力がひそんでいると感じられるのだ。フランス詩の専門家で、マラルメに魅せられる人がいるのに、似ているかもしれない。

私は良寛の漢詩や歌に心惹かれ、深く愛する者だが、一休の文学、『狂雲集』には、辟易しつつもなお、俗塵にまみれ煩悩に苦しむ自分を解放してくれるような力を感じてもいる。天衣無縫、煩悩も敢えて否定せず、様々な規矩から解き放たれて自由に生きたその生き方に、どこかほっとするものを覚えるからである。

一休の詩は難解で容易にはとりつき難いが、捨てがたい魅力を感じてもいるのである。「こりゃ、そこの俗漢、色ボケ爺、そんなに悩まなくともええぞ。わしの生き方、破戒乱行の跡を見よ。人間とはそうしたものじゃ。何似生（これでどうじゃ）」と言われているような気がするのである。

『狂雲集』を読んでの驚き

ともあれ『狂雲集』という、漢詩の体裁による作品としてはまさに古今独歩、異色中の異色のこの詩偈集に初めて接した際にまず私の眼を惹いたのは、体制と妥協し、それに取り込まれた五山の禅坊主たちに代表される禅宗の堕落を、痛烈に告発し弾劾する数々の偈や、禅を俗化、商業化させて教線を伸ばすことに努めた法兄《ほうひん》養叟一派への痛罵であった。

全篇これ気迫烈々、憤怒にあふれていると言ってよい。いわゆる北山文化、東山文化の時代でもあった室町時代に、言わば一種の外来の新興宗教として全盛を極めた禅宗は、義満をはじめとする足利幕府の権力者たちの帰依を受け、その統制下にあって、極度に世俗化、堕落していたという。五山はもはや求法者や修行者の集う場ではなくなり、公家や上級武家出身の禅僧たちの風流文化サロン、一大文化センターと化していたと、この時代を描いた歴史書や一休研究書に書いてある。五山は、禅の修行を怠りもっぱら詩作に打ち込む詩僧や、幕府御用達の外交僧、政僧、貿易業者僧、金融業者僧などの巣窟のようなものだったわけである。嘗て道元禅師は、僧侶が堕落し仏法が地に墜ちたことを嘆いて、その惨状を、

いま天下の諸山に、道心箇渾無《こうんむ》なり。得道箇久絶《こきうぜつ》なり。祇管破落儻《しくわん》のみなり。(『正法眼蔵』「洗浄」)

つまりは、「現在天下の諸山（諸寺院）には道心有る者はまったくいず、得道の者も久しく絶えている。いるのはただ破落儻《ならずもの》ばかりである。」と嘆いたが、室町時代に入ると、それがさらにいっそうひどい状態になっていたのである。

先師の御著書によって、「五山詩僧の冠冕《かんべん》」、「五山文学の最高峰」だとかいうことで、もっぱら詩僧だと思い込んでいた絶海中津が、足利幕府の顧問格で、政僧としての役割をもになっていたことを知ったのも、『狂雲集』に関連する文献を読んでいて知ったことで

ある。五山の詩にしては宗教色が稀薄で、俗人の文学と変わらないというが、いずれにしてもこの禅僧の詩はやたらにむずかしくて、よくわからない。ほんのわずか読みかじったかぎりでいえば、先師の御推奨にもかかわらず、五山の詩は、詩的な香りが乏しく、私には一向におもしろくない。それは人文主義者たちによるルネッサンスのラテン語詩にいささか似た趣もあって、真の詩心の発露というよりは、豊富な漢詩の知識を駆使した知的な構成物だという印象を受ける。懐をはたいて危うく買うところだった、「五山文学全集」を買わなくてよかったと、つくづく思う次第である。

それはともあれ、一休はその『骸骨』の中で、そんな禅門の堕落ぶりを、皮肉ってこう書いている。

いにしへは道心をおこす人は寺に入りしが、今はみな寺をいづるなり。見ればぼうずに智識もなく、座禅をものうく思い、工夫をなさずして、道具をたのしみ、座敷をかざり、がまん多くして、ただころもをきたるを名聞にして、ころもはきたるとも、ただとりかへたる在家なるべし。

『太平記』二十四巻には、南北朝時代の臨済禅の世俗化した堕落ぶりを辛辣に批判した、日野大納言資明の、

今禅ノ体ヲ見ルニ、禁裏仙筒ハ松門茅屋ノ如クナレバ、禅家ニハ玉楼金殿ヲミガ

キ、卿相雲客ハ木食草衣ナレバ、禅僧ハ珍膳妙衣ニ飽ケリ。

なる言葉を伝えているが、一休の時代である室町時代に入っても、宗門の堕落はさらに悪化していたのである。まことに右を向いても左を向いても無住法師の言う「頭《かみ》ハ剃レドモ欲心ハ剃ラヌ」、「出家貪世《とんせい》の」堕落坊主ばかりであった。そんな風潮を憂えた花園上皇が、純粋禅の伝統を守るべく、大燈国師南浦紹明を開山として招いて建てたのが大徳寺であった。最初のうちこそ純粋禅は守られてはいたが、開山の祖から何代か経つと、大徳寺もまた世俗化して堕落をまぬがれなかった。一休の法兄である大徳寺二三世の住持を務めた養叟が寺の長老格となった頃には、世俗化も極まり、「密参」と称する、坐禅を商業化し、印可状を乱発する悪弊が、大徳寺を拠点とする禅坊主たちによって、盛んにおこなわれていたらしい。大徳寺もいつの間にか「法を売って衆生をまどわす邪禅賊僧」たちの巣窟と化していたわけである。道元がかつて嘆いた「今二百来年、祖師道すたれたり、かなしむべし」という事態に陥っていたのだと言ってよい。『狂雲集』に接して、私は、それが『狂雲集』に見られる、五山を拠点とする臨済禅への一休の猛攻撃、養叟をはじめとする大徳寺派の僧侶たちへの痛罵となってあらわれていることを知ったのである。

大燈国師から師華叟へと脈々と受け継がれてきた純粋禅を、世俗化、堕落させたとして、一休がこの法兄とその法嗣たちを、痛烈に攻撃している様相は、私ならずとも読者を驚かさずにはおかないものがある。養叟への攻撃、嘲笑、罵詈雑言は、奇妙な作品『自戒集』ではさらに痛烈を極める。（この奇書は戦後になってようやく、一休が遷化した報恩庵に秘匿されていたものが、発見されたのだという。）それはほとんど読むに堪えないほどのものであって、この作品だけを読んだ人は、一休の人格を疑わざるをえないだろう。養叟を「大胆厚面禅師」、「宗穢大焼禅師」、「異高ノヌスビト」、「悪党」、「法中の姦賊」と呼び、この兄弟子が法罰を受け、癩病に罹って死んだなどと、ありもせぬ嘘を捏造までして口ぎなく誹謗しているのには呆れるほかない。今の世だったら、誣告罪、誹謗中傷の咎で有罪判決が出ること間違いなしである。どうみてもこれは、五戒（殺生、偸盗、邪淫、妄語、飲酒）のうちの一つ「妄語戒」を犯したものと言わざるをえまい。一休は己の行為を省みて、

言鋒殺戮幾多人　　言鋒殺戮《げんぽうさつりく》す幾多の人、
述偈題詩筆罵人　　偈を述べ詩を題して　筆《ふで》　人を罵《ののし》る

「舌先も鋭く、どれほどの人を殺戮してきたことか、偈だの詩だのに託してさんざんに人を罵って来たことだ」と懺悔の体で詠っているが、実際そのとおりである。全体として一休は激しい性格で、攻撃的で機鋒あくまで鋭く、謙虚温順な慈悲の人良寛とは正反対である。幕政が乱れ、人民は苦しみ、風俗また頽廃して、仏道が地に堕ちた時代を嘆いて、

わが袖はしとどに濡れぬうつせみの世の中のことを思ふに

という歌を詠んだのは良寛だが、眼前に広がるまさに地獄絵そのものの暗黒の世に直面した一休が、そのよう受動的な態度には甘んじなかったことは明らかである。その作品、とりわけ『狂雲集』は、地獄そのものであった狂気の時代に対する憤怒が全編に沸騰している。

　だが『狂雲集』に接して、それ以上に私を驚かせまた好奇心を抱かせたのは、和尚が己の「破戒」を誇示するあまたの詩であった。小僧時代に石で蛇を打ち殺したという話が伝わっているが、それ以外はさすがに「殺生戒」を犯すことはなかったであろうが、飲酒肉食は無論のこと、女犯《にょぼん》淫楽を堂々とさらけだし、それを「偈」という形で世に問うているのには眼を疑った。本来「不飲《ふおん》受戒」、「不邪淫戒《ふじゃいんかい》」に生きるはずの禅僧一休が、ことさらに己の「酒肆婬坊」へ出入りを揚言誇示し、「逆行」の跡を執拗なまでに繰り返し詠っていること自体が、驚きに堪えなかったのである。ひとたび『狂雲集』を開けば、そこには「持戒は驢となり破戒は人となる」、「破戒の比丘《びく》地獄に落ちず」とうそぶき、酒肆婬坊での女色淫楽、男色を詠う破戒僧の姿が随所に見られる。その中から浮かび上がってきたのは、それまでに私が抱いていた、江戸時代に数多く作られた『一休咄』などで伝えられる、頓智の才を大いに発揮して大人をやりこめる利発頓悟の「とんち小坊主一休さん」的イメージとも、世人の常識を覆すさまざまな反俗的な奇行や言動によって、伝統的な権威や偶像崇拝を打ち壊す、洒脱飄逸な奇僧としてのイメージとも、大きく異なる人物像であった。そこには、臨済禅の正系を継ぐことを自負する厳しい持戒者であると同時に、「夢閨」と号するとんでもない破戒者で、矛盾と分裂を内部に抱えた、「戒破戒一如」の怪僧が貌を覗かせていると思われた。『狂雲集』を読みながら、「これが一休の正体か。なんだ、この坊主は。それにしてもおかしな坊主がいたもんだ」というような思いに駆られたことも一再ではない。禅門の側の偉い方々が、あれはすべて文学的虚構、まったくの嘘だと言われても、そうそうには信じがたく、ましてや一休の狂風破戒が「高悟帰俗の境地」なのだと説き聞かされても、なんだか狐につままれたようで、俗人の身はさっぱり得心が行かなかったのである。『狂雲集』に詠われている逆行、「酒肆婬坊」来往はあくまで文学的虚構であって、会裏《えり》の弟子どもを教育するために、書かれたのだと言われても、困惑するばかりである。

　そればかりではない、表現者・詩人としての一休の真面目を伝えているこの一〇〇〇首ほどの膨大な詩偈集に、女人に関する作品が異様なほどに多いことが、最大の驚きであった。それは、柳田聖山氏が「いったいに一休の作品は、すこぶる色っぽい。」と言い、市川白弦氏が『狂雲集』について、「その一特色は女性に関するものがおびただしく多いことである。」と指摘しているとおりであって、このなんともユニークかつ異色の作品は、女人というものに異常なほどの関心を示し、それが事実であれ文学的虚構であれ、女犯に耽った破戒僧としての作者の行為を赤裸々に物語った作品が、あまた見られる。そこには、これまた数少なからぬ男色の詩と並んで、「雲雨」、「風流」という詩的表現であらわされる女色、肉欲への没入を語り、閨房での淫楽を詠った詩が随所にあって、一休の女人思慕、というよりも女体思慕がいかに強いものであったかが、如実に窺われるのである。無論それらはあくまで言語によって表現された詩であり偈であって、一休の実生活そのものの直接的な表出だとは言えないが、表現者としての一休の関心が、圧倒的に女人とその性に傾斜していることは否めない。

後に中本環氏の書によって、鈴木大拙氏が一休について「その言語文学にあらはれているところから見ると、彼には一種色情狂的傾向をさへ示すものがある。」と評していることを知ったが、西田正好氏が、「実際という、一休はかなりしたたかな好色漢であった」と言い切っているのを読み、大いに納得がいったことであった。『持戒集』には、そういう己の性癖を自嘲気味に詠った「狂雲は不調《ふじょう》にして悪名洪《ひろ》きなり」、つまり自分は女性に対する欲望を過度に持っていて淫乱なので、悪評が広がってるのだと、認めた詩がある。また平野宗浄師は、真珠庵（俗に言う「一休寺」）に伝わる話として、「一休和尚、あなたの癖は何ですか、と尋ねると一休は、『わしは女が好きなのが癖だ』といわれたとのこと。」という伝承があったことを、註記している。護法に努める禅門の人々の間で、『狂雲集』が禁書のごとく長らく敬遠されてきたというのも、大いにうなずけることである。臨済禅の大悟の高僧が、女色男色に耽った好色漢でもあったということになれば、大いに都合が悪かろう。なんといっても、一休は小僧時代から早熟にしてませたガキで、わずか一三歳の折に、「宮女失寵」で中国史上名高い班婕妤の悲しみを詠った「長門春草」という艶っぽい詩を書いて、人々に称賛され、まだ一五歳の雛僧時代には、

吟行客愁幾詩情　　吟行《ぎんこう》の客愁　幾《いく》ばくの詩情ぞ、

開落百花天地清
枕上香風寐耶寤
一場春夢不分明

開落の百花　天地清し。
枕上《ちんじょう》の香風寐《び》か寤か、
一場の春夢、分明《ふんみょう》ならず。

という、仏門の小僧にはあるまじきおそろしく色めいた艶詩を作って、周囲の人々を驚嘆させたという奇僧である。足利義満の意向によって出家を強いられ、わずか六歳にして引き離された母への思慕から発していると説かれる、強烈な女人思慕は若き日にすでにその心中に芽生えていたのである。後年六七歳になった一休は「閨房を夢みるは、すなわち余が性なり」と言って、「夢閨」と号することとなったが、女人への傾斜、女体思慕は、幼少からこの破戒僧の本性であったと言えよう。その詩集に、持戒堅固な禅門の人々を当惑させる、女色を詠った艶詩、淫詩のたぐいが数多く見られるからといって、なんら驚くにはあたるまい。

『狂雲集』を読んでいるうちに、聖職者でありながらエロティックな詩を書いた詩人として、確か一七世紀の形而上詩人ジョン・ダンがいたことを思い出し、改めて湯浅信之氏訳の『ジョン・ダン全詩集』にあたってみたが、なにほどのことはない。エロティシズムの強烈さ、表現のきわどさで、一休とは比較にならない程度のものである。最もエロティックと思われる閨房での戯れを詠った詩でも、

おいで、奥方様、さあ早く。精力余って、寝る気に

なれない。脂汗をかくまでは寝床にいても冷や汗ばかり。
敵味方に分かれ、互いにながい間睨みあっていると、
立っているだけで、戦わないのに疲れてしまうものだ。
さあ、その帯をとって。黄道帯のように輝いているが、
その下には、もっと美しい世界が包まれているはずだ。
さあ、星空のような胸当てを脱いで。嫌らしい連中の
視線から君を守るためにだけ、身につけておけばよい。
さあ、その紐を解いて。君の時計がやさしい音を立てて、
もう寝る時間ですよ、と教えてくれているではないか。
さあ、恵まれたコルセットも外して。羨ましいかぎりだ。
何時でもそれは君の傍にいて、近くに立っているのだ。
……………………………………………………………
さあ、僕のまさぐる手に特許を与えて、行かせてくれ。
前でも、後ろでも、間でも、上でも、下でも、自由に。

（湯浅信之訳）

といった程度である。一休の「美女の淫水を吸う」、「美人の陰《いん》［女陰のこと］に水仙の香有り」といった詩や、

夢閨の美妾黄金穴　夢閨の美妾　黄金の穴

といった露骨な表現が見られる女色淫楽の詩、男色（鶏姦）を詠った、

黄金糞土　勇巴穴　黄金の糞土　稚児の穴

といった「淫詩」としか言えないような詩とは、エロティシズムの度合いが違うと言ってよい。

漢詩人としては無論のこと、東西古今の詩人の中でも破天荒で、まさに「ユニーク」と評するに足る存在であることを、改めて認識したことであった。もっとも、ユニークではあっても、ただちに傑出した詩人とは言いがたいのも事実ではあるが。

しかしこれから私が語ってみたいのは、一休がことさらに偽悪的に女犯淫楽を誇示した、それらの「酒肆婬坊」来往の詩についてではなく、『狂雲集』の華とも言える、一休の晩年を彩った盲目の瞽女である森女との愛を詠った一連の詩についてである　それは芳賀幸四郎氏が「性的狂詩」と呼んでいる、女色男色といった破戒無慚な所業を誇示した「艶詩」、「艶情詩」とは、明らかに性質と次元を異にしている。中には「婬水」、「美女の婬水を吸う」と題されたあからさまな性愛詩もあるが、全体として、老年者の恋の詩的表出、それもまさに頽齢そのものの老僧が生んだ愛の詩、純度の高い恋愛詩として瞠目に値するものだ。表現、表出の形こそ異なるが、良寛が晩年に経験した、貞信尼との恋が生ん

だ歌にも比すべきものが、そこには見られる。先学諸家の助けを借りてそれらの詩の様相や詩境を窺い、それについての随想を、元横文字屋の狂詩・戯文の徒としての見解を開陳してみようというのである。

柳田聖山氏は、氏以前になされてきた一休研究、それらに描かれてきた一休像を、「のぞき趣味」から生まれた、実像とは程遠い絵空事《えそらごと》だとして退け、次のように言いきっている。

とくにいけないのは、一方で当時の五山の堕落や、体制化、淫乱に抗する一休の反骨や、乱世に生きる庶民との共感が強調されて、絵空事の反面を補完することとなる点だ。時代の矛盾と、暗黒を憎むゆえに、あえて色好みの生きざまに徹し、僧としての破戒を隠すことなく、正直に歌いあげたというだけでは、ひっきょうマンガの領域を出ない。(「一休をどう読むか」、『一休　狂雲集 純蔵主のうた』序文)

そういうことになると、一休の最晩年を彩った「森女」との愛が、「強烈な女体思慕」を抱くこの奇僧の単なる全くの空想や夢想ではなく、それが実際にあったものと信じて筆を執った私が、これから試みようとしていることは、素人が馬鹿々々しいマンガを描く行為以外の何物でもないということになる。それをマンガと嗤うなら嗤われても仕方ない。当節ではマンガもまた大切である。それにしても禅門の方々を含めて、氏以前にマンガを描いてきた人のなんと多いことか。さすがにマンガ大国だけのことはあるというものだ。

残念ながら私は禅にも五山文学にも暗く、『狂雲集』の詩偈を読み解くだけの学力を欠いているが、かつてギリシア・ローマの古典詩をはじめ、愛をめぐる東西の詩を扱い論じてきた者として、「恋愛の極致の表現」とまで加藤周一氏に絶賛された一休の愛の詩の形を眺めてみたい。それについていささか私見を洩らし、一老骨が気ままな解釈と鑑賞を試みようというのである。元横文字屋が手探りで読む一休は、禅者や国文学者、漢学者が読む一休とは、おのずと違うはずである。まったくの門外漢なので、暴虎馮河、見当はずれの頓珍漢な解釈や評言を吐くこともあるだろう。学問や研究とは縁の薄い狂詩・戯文の徒によるマンガかもしれないが、それもまた一興と受けとめていただければ幸いである。

九〇〇首を越える『狂雲集』の内容は多彩であって、本書で窺うのはそのほんの一隅にすぎない。その中の大多数を占める禅そのものにかかわる作品にはほとんどふれないから、その内容は極端に偏ったものになるであろう。一閑人がこれから試みるのは、巨大な矛盾の塊とも見える、この稀代の奇僧、瘋癲僧の、表現者・詩人としてのごく小さな一部分を覗くことであって、世に言う「葦の髄から天井覗く」とは、かような行為を指すのであろう。

一休和尚という奇僧について思うこと

さてどんな形でではあれ一休の作品について語るとなれば、一休その人について多少は語らねばなるまいが、これがおよそ容易なことではない。みずから「一段の瘋癲大妖怪」と称し、数々の逸話、伝説、伝承につつまれたこの禅僧、風狂の詩僧については、これまでに多くの書物が書かれてきた。禅学には全くの不案内で、一休に関してもごく皮相浅薄な知識しかもたないこの私が読んだものだけでも、四〇冊あまりに上る。（その中で最も感銘を受け、幾度も読み返したのは、市川白弦氏の『一休 乱世に生きた禅者』である。妙な話だが、私が初めて氏の名に接したのは、今から六〇年近くの昔に、ヤンコ・ラヴリンという人の書いた『ドストエフスキー』という本の訳者としてであった。氏は禅門の学者だが、そのヨーロッパ文化や文学に関する造詣の深さは驚くに堪えるものだ。）それらの諸書を読んでみると、室町時代に生きたこの奇僧は、人によってずいぶん受け取り方が違うことがわかるし、『狂雲集』にしても、さまざまな読み方があることが知られる。あまりに色々な人が色々なことを言っているので、却って私の中の一休のイメージがぼやけ、かすんでしまったという側面もあって、実に厄介である。

一休の事績や人となりや、人間像を知る上で不可欠とされる、高弟墨斎こと没倫紹等たちの手に成る（墨斎が著者だとするのは不確実らしいが）『東海一休和尚年譜』にもまず目を通したが、そこに描かれているのは、崇拝者たちによって聖化され浄化された、徳高き禅道悟達の高僧の姿であって、一休が執拗に詠ってやまなかった逆行三昧、「酒肆婬坊」での淫楽に関しては寸言もない。一休自身がその主要作品たる『狂雲集』で執拗なまでに繰り返し詠い、揚言誇示している、女色、男色などはきれいに消し去られて、微塵も伝わってこない。要するに、一休にとって都合の悪いことは書かれていないのである。事実として確認されている、一休には何人かの侍妾がいて、妻らしき女性もいて岐翁紹偵なる実子がいたことも、一休の晩年に大きな意味をもった、森女の存在にもまったくふれられていないのはどうしたことか。一休自身が「森侍者」、「森公」、「森美人」と呼んで溺愛し、その中から『狂雲集』の華と見られている、詩的価値が高い一連の愛の詩を生んだというのに、その事実がこの『年譜』では完全に無視されているのである。柳田聖山氏が主張するように、それがまったくの虚構であり、「森女」とは「神女」であって、一休の脳裡にのみ存在した空想上の人物だとすれば、彼女に関する記載がないのも、当然だということになる。だが、実在したことが確実な「森侍者」が完全に無視され、彼女にかんする記述が一行もないのは、どう考えても変である。崇拝する悟達の高僧の晩年の汚点になる存在として、意図的に無視抹殺されたと考えるのが自然であろう。

嘘八百とまでは言わないが、粉飾歪曲され作為が目立つこの『年譜』は、あまり信用できない。何よりも問題なのは、禅門の人々が一休について語るとき、もっぱら依拠することの多いこの『年譜』には、一休という人物の内面が、まったく伝えられていないことである。この奇僧の外面、その行状を記した、この『年譜』を読んだだけでは、一休という稀有の存在を知ったことにはならない。どう読むか、どこまで読めるかは別としても、一休を知るには、やはり『狂雲集』しかないのである。崇拝者である弟子たちによって作られ理想化された、おこないすました聖僧の伝記なぞ読んでもつまらない。

いずれにしても、『年譜』には、『狂雲集』から浮かび上がってくる、桁外れの破戒僧としての面目はいささかもなく、両者の間に見られる一休像の乖離はあまりにも大きいと言わざるを得ない。すくなくとも、森女への愛を詠った「恋法師」一休の貌を窺う上では、この『年譜』はなんの役にも立たないし、むしろ妨げにさえなっている。平野宗浄師がこの『年譜』に、弟子たちによる作為の跡を見ているのは当然だとの感が深い。

要するに一休という人物の内面、とりわけ「表現者」・詩人としての一休を知ろうと思えば、ひたすら愚直に『狂雲集』を読むしかないのである。一口に読むといっても、これがまたむずかしい。（一休には『狂雲集』のほか、法兄養叟を口汚く痛罵した『自戒集』、ユニークな絵入り作品『一休骸骨』、『阿弥陀裸物語』、『一休水鏡』、それに道歌などの著作があるが、これらは空前絶後の異色の詩偈集の作者としての一休を知り、その愛の詩を語る上では、さして重要ではない。文学的価値も一段と劣る。多少おもしろいのは『骸骨』だけである。文学作品として真に読むに堪えるのは、やはり『狂雲集』だけであろう。一休に仮託されてはいるが、その多くは後人、それも江戸時代の人々によって作られたとおぼしき道歌なぞは、韻文学としてみれば良寛の歌とは同日の談ではない。）「詩禅一如」と観じていたであろう一休の『狂雲集』という作品は、単に難解晦渋で、しばしば意味不透明であるばかりか、さまざまな読み方を許すと思われるからである。宗教者が生んだ作品で、こんなに厄介で解しがたい作品も稀である。

そういう次第で、先学諸家の手を借りて私なりに『狂雲集』を読み、またそれについて書かれた書物や、一休その人を語り論じた著作を通覧また時に熟読して思うことは、一休という人物は矛盾の塊で、あまりにも不可解な部分の多い、謎めいた存在だということである。歴史家、禅門の人々、文学者などによる一休像は、著者論者によって時に大きく異なり、またその作品『狂雲集』の解釈や評価にしても、およそ統一性のある一致した見解を見ない。とりわけ文学者の描く一休像と、禅門の側の人々によるそれとの相違が目立つ。私は禅には疎い俗人で文学の側にいる人間なので、唐木順三、加藤周一、岡松和夫、水上勉、栗田勇といった文学者が描いた一休像に魅力を感じるし、そこに「詩的真実」があるものと思ってもいる。禅門の側から吐かれた

> ある作家が一休と森との情愛を唄った狂雲集の数首を取り上げ、漢詩本来の風韻の理解もないまま、自らの劣情を持って解釈し、時流に迎合して売名行為をなしている。

というような批判は、文学者として誠実に一休を読み、可能なかぎり文献も精査した上で、自らの一休像を築いた作家に対する無理解を示すもので、ほとんど侮辱に近いものだと感じるのである。要するに一休という稀有の奇僧は、その作品に接する人の数に応ずるだけの異なった貌を見せる人物だと思うのだ。一休を読む人の数だけ一休像があるのだと言ってもよい。伝記小説『一休』の著者である水上勉氏は、それを「一休伝は、いまや、この人をふりかえる人の心にうつった像というしかないわけだろう。」と言っている。してみれば、その正体、「実像」をまがりなりにも把握し、その相貌《かお》を描くなどということは、到底私如き一介の素人がよくなしうるところではない。厳しい自戒と放埓無慚な破

戒、あからさまな逆行誇示と深い罪業意識の間を揺れ動いていたかに見える、このヤヌス（双面神）的存在、「風狂の狂客」は、実際私などの手に余る。みずから「天沢（虚堂痴愚）の孫」と称し、臨済禅の極意や要諦を述べた偈や祖師への頌などは、まったく私の理解を越えている。「臨済《りんざいの》四《し》料簡《りょうけん》」として作られた「奪人境不奪境」、「奪境不奪人」、「人境倶奪」、「人境倶不奪」などという偈のたぐいは、訳や解説を読んでもさっぱりわからないのである。臨済禅の「三頓棒」で殴られても、「喝！」と怒鳴られても、わからぬものはわからない。『狂雲集』という、世にも特異かつユニークな詩偈集で私が理解できたと思う部分は、あまりにもわずかでしかない。一個の禅者、臨済禅の正当な継承者としての一休については、私は口をつぐむほかないのである。そういう者に一休の文学を語る資格なし、と言われてもしかたない。ただ救いとなるのは、私は上記の一連の愛の詩を通して、一休という存在の人物像だの「実像」だのを探ろうとか描こうとか、最初から一切思ってはいないことである。私の念頭にあるのは、あくまで表現者・詩人としての一休であり、そういう存在として室町時代の一禅僧が生んだ詩的言語作品の様相であり、詠われたその形なのである。

もう一度断っておかねばならないが、私がこのささやかな書で垣間見ようとしているのは、一休がその最晩年に森女に対して見せた「恋法師」として貌にほかならない。私にとって重要なのは、実在の人物としての一休その人でも、その「実像」でもなく、漢詩という詩的言語を駆使して築かれた、独自の愛の詩の世界を創り上げた表現者・詩人なのである。それゆえ、より正確を期するなら、「一休は」と書くべきではなく、「『狂雲集』にその行状が詠われている詩人は」と書くべきかもしれない。面倒くさいので、一々そう断らないまでの話である。実在の人物としての一休はどうでもいいとまでは言わないが、大事なことは一個の詩人として、この「風狂の客」がどういう形で老年の愛を造型し、それを世にもユニークな詩篇に仕上げているのか、そこを窺ってみようというのである。されば「恋愛の極致の表現」とまで加藤周一氏によって讃えられ、「『狂雲の中核』、『狂雲集』の台風の目そのものであった」（栗田勇氏）、「『狂雲集』の中の圧巻」（柳田聖山氏）と評されている「森女頌歌」とも言うべき一連の詩とその周辺を眺めてみたい。その作業は先学諸家のこれまでの研究に多くを負っている。とりわけ平野宗浄、蔭木英雄両氏の訳注による『狂雲集』が手許になかったら、手も足も出なかっただろう。これは実に敬服するに足る立派な仕事で、一休を読む上で、後学にして浅学の者には大いに扶けとなった。ただ一つだけ勝手な文句を言わせていただけば、蔭木氏の一休詩解釈には、何とかして一休を破戒無慚な無頼僧的なイメージから救い出したい、というような姿勢が強く見えるように思われて、それが気になって仕方がない。氏は、

禅機や禅要を、色欲や風流として表現するのが『狂雲集』の特色なのである。
私どもは、一休の淫《みだ》らな詩を文字通りに短絡的に読んではならないのである。

と強調している。一休の詩を「文字通り短絡的」にしか読めない私としては、そう言われ

ると困る。だが逆に一休の詩を素直に読まず、深読みしすぎて、必ずしもそこにあるとは思われない、禅機や禅要を強いて求めるという危険性もありはしないだろうか。

これは昔『讃酒詩話』という本の中で書いたことだが、柳田聖山氏の『狂雲集』解釈などに見られるように、禅門の側には、イスラムの学者たちによるハーフェズの抒情詩（ガザル）の解釈の仕方に似たやり方で、『狂雲集』を解釈する人がいるようである。仏教の「不飲酒戒」と同様に、飲酒が禁じられているイスラム社会では、飲酒がしきり詠われ、愛の詩が目立つハーフェズの詩を、そのまま受け取るのは、戒律に反することになり、神への冒瀆となって都合が悪い。そこでこのペルシア最大の詩人を冒瀆から救うため、酒とは神への神秘主義的愛を意味し、酌人とは神秘主義の師を指すとか、愛というのは人間の恋愛などを指すのではなく、神への愛を指しているのだとかいう、神秘主義的解釈が生じたのである。一休の酒肆婬坊への俳諧来往を虚構として否定する禅門の方々は、詩人ハーフェズは実は一滴も酒を飲まなかったと主張する、イスラムの学者を想起させずにはおかないものがある。

いずれにせよ、世に難解晦渋を以て知られる『狂雲集』であるから、字句、詩句の解釈をはじめ、詩意の解釈についても諸家による先行研究の力を借りずしては、私の無謀な試みは不可能である。専門家による、まったくといってよいほど解釈が異なる詩に接したりすると（そういう作品が実に多い）、一介の素人は戸惑っては呆然とするばかりだが、それでもいずれかの先学に従って、私なりの見解は述べねばならない。学術書でも研究書でもない気楽さからそのいずれをも採らず、独断と放言に及ぶこともあろう。

以下巨人の肩に乗った侏儒のごとき者として、「恋法師」の横顔を垣根覗きしてみよう。言ってみれば、本書は『藪睨み『狂雲集』垣覗き』とでも名付けるのがふさわしい、気ままな閑業なのである。（今は差別用語になってしまった「＊＊像をなでる」という諺が昔あったが、『一休和尚をなでまわす』というのが、最初私が考えた本書のタイトルであった。）

現在のこの国で一休和尚の名を知らない人はいない。だが残念ながら、「とんち小坊主」が長じて稀代の破戒僧となり、禅匠にして詩人として『狂雲集』なるまことにユニークな作品を世に遺したことを知る人は少ない。その詩を語る人も多くはないし、加藤周一氏など少数の文学者を除くと、この奇僧が、枯淡の境地やわび、さびを好むわが国の中世文学の中でまったく異例な、濃厚で明るい愛の詩を生んだことを積極的に説く人もまた多くはない。

文学、人文学が著しく衰微し、世に瀚墨の風が絶えた現在の日本で、『狂雲集』を覗いてみようなどという酔狂な読者が、果たしてどれくらいいるものかはなはだ心もとないが、それでも私なりに、この奇僧の文学について語ってみたいのである。日々衰老をかこつ色惚けの老骨が、中世に生きた奇僧、怪僧について吐く、「侏儒の言葉」に耳傾けてくれる奇特な読者が、まだこの国に多くいるとは思えないのだが。

第一章　表現者・詩人としての一休

『狂雲集』いとも不思議な詩集なり一休和尚にたぶらかされたり

――茂原才欠《もはらさいかく》

一　『狂雲集』という詩集（詩偈集）

『狂雲集』という詩集（詩偈集）は、なんとも不思議な、時には不可解かつ不透明な部分を少なからず含む作品である。「読書人」という言葉がもはや死語同然となり、専門家以外の知識人の間でさえ、漢詩の知識が失われつつあるこの国で、現在一般の読者には最も知られることも読まれることもない古典の一つが、一休が生んだこの作品ではなかろうか。禅門の徒か中世文学の専門家でもないかぎり、酔狂にも（と敢えて言いたいが）、これを繙く読者は多くはなかろう。ほとんどの日本人にとって一休とは「とんち小坊主一休さん」であり、

世の中は食ふて糞《はこ》してねておきてさてのそのあとは死ぬるばかりよ
門松は冥途の旅の一里塚めでたくもありめでたくもなし

＊別伝では、

正月は冥途の旅の一里塚馬籠もなく泊まり屋もなし

というような歌を詠んだ洒脱な坊さんとして記憶されているものと思われる。「一休はと

んち小坊主どころか、とんでもない破戒僧でエロ坊主としての側面もありますよ」と人に話すと、「えっ」と驚かれるのが常である。つまりは詩人、『狂雲集』の作者としての一休は、一般にはほとんど知られていないということだ。依然として一休は、ほとんどの日本人にとって、かつてテレビ動画で大人気を呼んだ、「とんち小坊主一休さん」であり続けているというわけである。今後もおそらくずっとそうだろうと予想がつく。情報万能のこの国には、もはや「瀚墨の風」といったものは地を払って消えてしまったから、難解でわけのわからぬ詩偈が並んでいる『狂雲集』を手に取ろうとする人も稀だろう。そういうものを読んだり、研究したりしているのは、ごく少数の専門家か、若い世代から「化石」、「二十世紀の遺物」と見られている奇特な読書人しかいないような気がする。国文学者でさえも、『狂雲集』に親しんでいる人は多くはないようだ。国文学者ではないが、わが国の中世文学を高く評価しておられた先師寺田透先生は道元研究でも知られ、五山詩に詳しく、義堂周信や絶海中津に関する御著書はあるが、一休にはあまり関心を示しておられないし、『狂雲集』に関するお話を伺った記憶もない。先生は詩人としての一休は高く評価しておられなかったようである。

実際、一読到底解しかねる臨済禅の奥義を説いた形而上学的な多くの偈や、一休が尊崇してやまない禅の祖師たちへの頌だの賛だのが連なり、それに女色、男色を誇示する詩などを交えた、全部で九〇〇首近くもある（版によっては一〇〇〇首を越えるものもあるようだが）この作品は、通読はおろか、ざっと通覧することさえも容易ではない。その難解さは、現代語訳を参照しつつ二度通読したが、核心をなす部分についてはほとんど何もわからなかった道元の『正法眼蔵』におおおさ劣るものではない。先師による道元研究の御著書も読んだが、これまた道元以上に難解で、ますますわからなくなってしまった。わかったことは、

中土《ちゅうど》みず、中華にむまれず、聖《しょう》をしらず、賢をみず、天上にのぼれる人いまだなし、人心ひとへにおろかなり。開闢《かいびゃく》よりこのかた化俗の人なし。(「行持」下)

またこの日本国は、海外の遠方《おんぽう》なり。人の心到愚なり。むかしよりいまだ聖人《しょうにん》むまれず、生知《しょうち》むまれず、いはんや学道の実士まれなり。(「渓色山色」)

と言い切っているように、道元は最澄、空海以来の日本仏教を全く認めていないことぐらいであった。最澄、空海も形無しである。興味深かったのは、時間論である「有時」と中国の禅の祖師たちにかんする逸話や伝承などだが、「只管打坐」を説く、肝腎の禅にかんする部分はほとんど理解できず、ついには放擲してしまった。禅師に「知るべし」(わかるであろう)と繰り返し言われても、残念ながらさっぱりわからないのである。

ちなみに一休が禅僧でありながら、道元を開祖とするわが国の曹洞宗に、一休がさほど関心を示していないと見えるのは、やや意外な感じがするのは否めない。法然の賛を書いたり、親鸞を讃える歌を作っているというのに、すくなくとも、『狂雲集』を見るかぎり、わが国の曹洞禅にかんする言及は乏しい。堕落した臨済禅を攻撃して、自分たちの手

でそれを純粋禅として守ることで、手一杯だったのであろうか。

分け上る麓の道は多けれどおなじ高嶺の月をながむる

という歌を詠んだと伝えられ、他宗派にかんしても寛容であって、蓮如と親しく、明恵上人に敬意をはらったり、一時期は念仏宗への改宗まで口にしているというのに、わが国の曹洞禅にかんしては関心が薄いようで、「毀破曹洞悪見（曹洞《そうとう》の悪見《あくけん》を毀破《きは》す）」と題された次のような一篇が見られる程度である。

曹洞今時無分別　　曹洞は　今時　分別なく、
与臨済受用遥別　　臨済の受用《じゅよう》と　遥か別なり。
野老百姓真家風　　野老百姓　真の家風、
曹洞臨済受用別　　曹洞と臨済と　受用別なり。

今どきの曹洞宗は分別がなく、臨済のはたらきと大違いである。いなかおやじの衲《わし》や庶民にこそ、真の禅の家風があり、曹洞と臨済とのはたらきは全く別である。（訓読と通釈は平野宗浄師による）

右に引いた偈から判断するかぎりでは、一休は曹洞禅には否定的だったと思われるが、道元その人についても、その法脈を継いだ曹洞宗の禅僧たちについても、これ以上の言及が

なされていないのは、いかなる所以によるものか。一休の『骸骨』には、始祖達磨大師を詠った、

九年まで坐禅するこそ地獄なれ虚空の土となれるその身を

という道歌が出てくるが、一休が、道元禅師が禅の要諦として説いた、「只管打坐」という教えをどう考えていたのか、『狂雲集』を眺めていても私にはわからない。一介の野僧たることを自負していた者として、おそらくは道元に始まるわが国の曹洞禅に、一種の貴族性、エリート臭を感じ取って、これに否定的だったのではなかろうか。

更に言えば、一休が「われ一切智を得て　諸の禅定の際《はて》を尽さん」(「法華経」・分別功徳品)と説いた釈迦牟尼仏の教えを、どう受けとめていたのかもわからない。一休もわからないが、そもそも仏教書の中でも禅書はとりわけ難解で困る。『臨済録』ぐらいなら訳文や註の、助けで何とか理解できる部分もあるが、『碧巌録』となるともういけない。学力不足の私などには理解できかねる難物以外のなにものでもない。『狂雲集』に関して言えば、この作品になんとも自由かつ飄逸な反訳をほどこした本を書いた富士正晴氏が、この作品について、

一休となると、これは困った。一休のあのむつかしい厄介な詩を反訳しろと言う。『狂雲集』その他、いろいろと参考になりそうなものを送ってくれるが、ちらっと

眺めてみても、全然わからない。詩がわからないと同時に、そんなわからない詩を書いている一休という人物の気がわからない。（「一休づかれ」）

と正直に述べているのを読んで、さもありなんと思ったことであった。奇才富士正晴氏の『一休』は天衣無縫、語り口がおもしろいが、ある意味では無責任でいい加減な本でもある。確かに、この詩偈集の大半を占めている、

互繰高低汲井輪　　互いに高低を繰る　汲井輪、
威音弥勒一回春　　威音《いおん》　弥勒　一回春。
三世諸仏歴代祖　　三世の諸仏　歴代の祖、
和声滴涙苦吟身　　和声　涙を滴《てき》す　苦吟の身。

とか、あるいは

古仏堂中交露柱　　古仏　堂中に露柱《ろちゅう》と交《まじ》わる
斬成両段定諸訛　　斬って両段《りょうだん》と成して諸訛《ごうか》を定む。
青山緑水一閑客　　青山緑水《せいざんりょくすい》　一閑《いっかん》の客、
可咲岩頭黒老婆　　咲《わら》うべし　岩頭《がんとう》の黒老婆《こくろうば》。
即現観音奴婢身　　即現観音《そくげんかんのん》　奴婢《ぬひ》の身《み》、

饅頭胡餅谷精神
旧時難忘見聞境
満目山陽笛裏人

饅頭胡餅《まんじゅうこびょう》　精神を谷《やしな》う。
旧時忘《きゅうじぼう》じ難《がた》し　見聞《けんもん》の境
満目山陽《まんもくさんよう》　笛裏《てきり》の人。

といったたぐいの偈なんぞは、いくら睨んでいても、それに付された訳や註解を読んでもさっぱりわからない。これでは読者が稀なのも当然である。それに禅に疎い門外漢にはこの種の作品が、漢詩の一種としてして見た場合、どれほど詩的価値があるものなのか、正直言って、見当もつかないのである。（禅の師家でもあった歴史学者の芳賀幸四郎氏は、宗教文学としてもその価値は低いと見ているが。）中国人が、あるいは中国古典詩の専門家の眼から見て、『狂雲集』の作品がどの程度まで破格の詩であり、文学作品としてどう評価されるのか、それも知りたいところである。

これもまた立派な文学たること

そういうなんとも難解でとりつきにくい作品ではあるが、しかしそれはこの特異な作品が、室町時代という未曽有の大激動、大乱の時代に生きた一宗教者の文学として、語るに値しないということを、意味するものではない。確かに難解かつ解しがたい部分があまりにも多いが、中世文学の中で異彩を放つおそろしく独自性の強い個性的な文学として、もっと読まれ論じられてもよいのではないかと思われる。少なくとも、禅の奥旨に関する形而上的な偈以外の、比較的宗教色の薄い作品、とりわけ晩年の森女を詠った一連の愛の詩などは、もう少し世に広く知られてもいいように思われる。

『狂雲集』は五山詩の周辺にある作品と見なされているためだろうか、五山詩の枠を集めた「新日本古典文学大系」の『五山文学集』には、作品の一部なりとも収められていない。玉村竹二氏の『五山文学』、蔭木英雄氏の労作『五山詩史の研究』でも一休の詩はほとんど言及されておらず、専著として岩山泰三氏の『一休詩の周辺』はあるが、ほかには堀川貴司氏の『詩のかたち・詩のこころ』に「狂雲集小論」という一章があるものの、総じて純粋に文学として論じられることは少ないようだ。蔭木氏は、「林下の大徳寺に住した（厳密に言えばこれは不正確だと思うが）一休の『狂雲集』や、五山僧に大きな影響を及ぼした中国僧の小林清茂、季潭宗泐などの作品は、私は五山文学には入れない。」としている。その中にあって、水上勉氏の『一休文芸私抄』、『一休・正三、白隠』は、文学者による一休文学論としてはなはだ興味深い。

まったくの受け売りで言えば、足利義満による北山文化、その子義政による東山文化の時代、そしてなによりも十年にわたる応仁の乱という未曽有の動乱と狂気の時代を、一個の禅者、野僧として生き抜いた一休宗純という人物が、その八八年にわたる長い生涯の間に生み出したのが、この詩集（詩偈集）なのである。それはすでに一休の存命中に成立し、

須弥南畔　　須弥南畔《しゅみなんぱん》
誰会我禅　　誰か我が禅を会《え》す
虚堂来也　　虚堂来《きどうきた》るとも
不直半銭　　半銭《はんせん》に直《あたら》ず

という遺偈《ゆいげ》を遺して示寂した、他に類を見ない特異な個性が生んだ、まさに異色異様な言語作品だと言ってよい。（中本環氏は、偈、頌、賛を集めて編んだ純仏教的、宗教的な作品のみを『狂雲集』とし、『続狂雲集』とも呼ばれる宗教色の薄い文芸作品の集積を『狂雲詩集』という風に峻別しているが、柳田聖山、加藤周一両氏をはじめ、一休を論じた多くの人々は、両者の間には本質的に大きな差異は見られないという見解に立ち、一休の詩偈全体を詩としてあつかっている。それに倣って、以下本書では『狂雲集』、『続狂雲集』に収める作品をひっくるめて、「詩集」と呼ぶこととする）。柳田聖山氏は『狂雲集』を定義して、これを真の禅文学の創始と考え、「空想でもなければ、単なる写実でもない、真の禅文学というものが、一休によってはじめて創始される。」と言っている。禅文学とはいかなるものか私にはわからないものの、この作品が『正法眼蔵』などとは違って純宗教的な著作ではなく、文学作品と見なしうる特性を備えていることは認められていると言ってよい。寡聞にして、国文学史では一休の生んだこの作品が、わが国の中世文学史でどのような位置づけがなされているのか知らないが、ともあれこれが、みずから「天下の詩人」と名乗り、「著述の佳名　我が命根《みょうこん》」つまりは「詩文によって得られる名声こそがわが生命である」と宣言した宗教者の文学であることは確かだ。

今日では一般に『狂雲集』の文学的評価は高い。加藤周一氏、柳田聖山氏、栗田勇氏など、それに一休を「法と恋のための純粋人間」だったとして手放しに礼賛する西田正好氏などの見解が、それを代表している。その一方で、一休研究の先達の一人であり、戦後の本格的な一休研究の道を切り開いた芳賀幸四郎氏のように、

「狂雲集」にみる彼の彼の詩偈は、いはゆる芸術的文学であるにはあまりにも詩的情操が貧困であり、より多く宗教文学的であるが、宗教文学としてみても大燈の偈頌等にくらべれば調子が低く、時勢に激した狂詩が多く、いづれにせよ文学的価値はひくい。それははげしい生命感情のあまりに直接露骨なほとばしりにすぎて、滋味にとぼしく、再吟三吟に値する芸術的価値は決して高いものではない。(「狂雲集子一休とその時代」)

と、一休文学に手厳しい評価を下した人物もいる。

私は芳賀氏の見解に半ばは賛成であって、『狂雲集』の多くの詩偈のみならず、その中に少なからず見られる艶詩は無論のこと、晩年の愛の詩をも、加藤氏や栗田氏のように「恋愛の極致の表現」として絶賛する気にはならないが、それでも晩年の一休の詩に生命を吹き込み、それを純愛の表現にまで高めた盲目の美女森女との愛の詩だけは、それなり

に美しいものと思うのである。宗教者、仏者の生んだ、性愛、異性愛をテーマとする詩としては稀有のものだろう。老年者の恋の詩としても興味深いものだ。すくなくとも、私の知るかぎりでは、わが国であんな内容の作品を漢詩という形で造形した人はほかにいない。それを評すれば、森女への愛を詠った一連の詩は、貞信尼への恋を詠った良寛の歌に比肩する文学作品たり得ていると言えるのではなかろうか。

さてその『狂雲集』だが、ここでその内容と文学としての性格を確認しておくと、こういうことになるようだ。卓抜な一休論を書いた栗田勇氏が道破しているところによれば、

この風狂僧の作品は、清冽な詩人として文芸の道を生きた一休が、いわば心情の内面を詩的世界におきかえて生涯の記録として集め、編集したもの。（『一休』）

にほかならない。またそれ以前の『狂雲集』解釈をすべて覆すような、独自の解釈を提示した柳田聖山氏は、禅者にして詩人たる一休という「風狂の狂客」のこの作品を、「すべてが禅の言葉として自らの禅体験を語ったもの」であると言い、「一休は、男女の愛や性の言葉によって、自己の孤独な禅体験の事実を物語る」のだと説いている。これに関しては、私としては少々異論があり、後に「付言」のところでふれるつもりである。

この作品の厄介な問題の一つは、わずか五〇首ほどを除くと、九〇〇首を越える作品のほとんどが制作年代に従って配列できないことだと加藤周一氏は言っている。栗田氏の説くように、それが「心情の内面を詩的世界におきかえて」記録として集めたものだとして

も、内面の記録であるばかりではなく、

多くの詩は具体的な事件または経験を直接に踏まえ、この詩集の一面は日記的性質を備えているらしい。（加藤周一『梁塵秘抄・狂雲集』）

ということになると、制作年代が不明なことが、理解の妨げとなることは否めない。幸い、本書で取り上げて考察しようとしている森女への愛の詩は、一休最晩年の一〇年の間に書かれたものであることが明らかなので、その点で問題はないのだが。

ちなみに中本環氏は、『狂雲集』という作品は、作者一休の「内面の日記」でも行跡の記録でもなく、あくまで頌偈集であって「公的な色彩を帯びており、会裏《えり》の徒に向けられた「仏道（悟達）の方便としての性格を有する」ことを強調しており、『狂雲集』を文芸作品として眺めることには、否定的であるように見受けられる。氏は、

一休の文学は『続狂雲詩集』を中核に論ぜられるべきであろうし、二つの性格の異なった集の存在は、それ自身、一休の人間像や文学観等の考察に、大きな示唆を与えるはずである。（『一休宗純の研究』）。

と主張している、素人の立場からそれに敢えて異を唱えれば、加藤氏や柳田氏も認めているように、一休の場合、偈と詩の相違あまり明確ではなく、この集に収める性愛を詠った艶詩などのように、本来の偈からは外れるものと私の眼には映る作品も、少なからずあ

る。これから取り上げる森女を詠った愛の詩などは、宗教色が稀薄で、どう見ても偈とは言い難いのではなかろうか。女色男色といった破戒無慚な所業を誇示した詩や、赤裸々な性愛の詩を含むエロティック作品が、禅の修行に邁進する会裏《えり》の徒に、悟達を促す作用をするとは、とうてい思えないのだが。

「文筆詩歌《ぶんぴつしいか》等其の詮《せん》なき事なれば捨《す》つべき道理なり」と言いつつも、『傘松道詠』という歌集を遺したのが道元禅師であった。一休もまた、「詩文は元地獄の工夫」と文芸否定の言を吐きつつも、「万端を忘却して詩未だ忘れず」と告白しているとおり、風雅、風流に生きる禅者として、生涯ついに詩文を離れることがなかった。十五歳で周囲の人々を感嘆、驚倒させる艶なる詩を詠んで以来、禅者であると同時に、一休は一貫して表現者であり詩人であった。伊藤博之氏は「良寛における表現の思想」と題された論考で、良寛が詠歌に臨んだ姿勢にふれて、

> 良寛の表現行為は、文芸作品を創ることを目的としたものではなく、既に確固たる文化的存在となりおおせている言葉の力を借りて、とりとめもなく浮動し、拡散しがちな心を枠どるところにあった。（中略）
>
> 良寛が禅者としての一生を貫きながら、法語としての形で思想を語ろうとしなかったのは、**日常生活の文脈から離れたところに成り立つ古歌の修辞に、禅機の自覚を確かなものにし得る可能性を見出しているからであろう。**（太字――引用者）

と述べているが、良寛とは異なり散文による法語の類をいくつも遺している一休にしても、禅機を離れ、偈とは言い難い詩作品をも含めて、漢詩という形式こそが表現者としての己のすべてを投入できる場であったことは確かであろう。良寛は、

誰謂我詩詩　　誰か我が詩を詩と謂う
我詩是非詩　　我が詩は是れ詩に非ず

と言い、既成の漢詩の概念を超えた破格の詩を含む四〇〇あまりの漢詩を遺していることは周知の事実だが、詩作に臨んだ態度、姿勢は一休のそれとはやや異なっているように思われる。良寛にあっては、仏者、禅者と詩人は必ずしも重なり合わない部分があり、詩作という行為はその外縁にあったと言えるのではなかろうか。(もっとも、飯田利行氏のように、良寛の詩を、道元禅師の真実を良寛独特の美しい言葉で注釈し、祖述したものだと説く人もいるが、それでは説き明かすことのできない作品も多くあるものと私は思う。)

これに対して、柳田聖山氏が、「一休においては禅と文学はつねに一体化している」と断じているように、一休にとって詩文とはその生き方そのものであった。それは禅の修行をよそに、もっぱら詩作に耽った五山の詩僧たちの詩作品とも、道元禅師や明恵上人の歌とも違って、良かれあしかれそこには禅者にして詩人である一休の全身が投影しているとの感が深い。その意味では、自らの詠歌の覚悟を詠歌即観法と心得て、

去れば一首読み出でては、一躰の仏像を造る思ひをなし、一句を思ひ続けては秘密の真言を唱ふるに同じ。

と明恵上人に語った西行に相通じるものがあると言える。繰り返し言えば、『狂雲集』という作品は難解にして不透明な部分を多く含み、読者を悩まさずにはおかないが、それはひとえに作者が、容易にその正体を把握しがたい一休という人物だからである。持戒者にして破戒者、険峻な禅匠にして同時に放埒な遊戯《ゆげ》三昧の僧であり、おそるべき矛盾のかたまりとも見えるのが、容易なことではその正体がつかめない、到底一筋縄ではいかない怪僧なのである。一休は一方では「観法観経《かんぽうかんきん》は真の作家《さっけ》」と言い、

忍辱仙人常不軽　　忍辱仙人《にんにくせんにん》　常不軽《じょうふきょう》、
道心須是尽凡情　　道心は須《すべか》らく是れ凡情を尽すべし。
恁麼白浄真衲子　　恁麼《いんも》に白浄《はくじょう》　真の衲子《のっす》、
可勤観法又観経　　勤むべし観法《かんぽう》　また観経《かんきん》を。

忍辱仙人や常不軽菩薩と同じように、
求道心は凡人の情を完全に取り去ってしまわねばならぬ。
そのように清浄無垢なのが真の出家というものだ、
観法をし経を読むことに勤めねばならぬぞ。

と会裏《えり》の者たちを戒めて、禅僧としてのあるべき姿を説き、悟道を求める熱烈な求道精神を表出している持戒者である。そればかりか、「宗門《しゅうもん》唯《た》だこの宗純あり」つまりはわが禅宗の門では、この一休宗純を措いてほかに人はおらぬは、と断言するほどの強烈な誇負を示しているのが一休である。それは、

華叟子孫不知禅　　華叟《かそう》の子孫《しそん》　禅を知らず、
狂雲面前誰説禅　　狂雲　面前　誰か禅を説く。
三十年来肩上重　　三十年来　肩上《けんじょう》　重《おも》し、
一人加担臨済禅　　一人《ひとり》加担《かたん》す　松源《しょうげん》の禅。

華叟師の子孫（弟子）は皆禅を知らぬ、
この狂雲の面前で禅を説くだけの自信のある奴はおらぬか。
三十年来、松源の禅（臨済禅）を一人でになってきたので、
肩が重くて、しょうがないわい。

という自賛の偈となってあらわれている。かと思えばその一方で昂然と、

蘿苴元是我家業　　蘿苴《らそ》 元《もと》是我が家の業《ごう》、
女色多情加勇巴　　女色の多情に勇巴《ゆうは》を加う。

放蕩無頼はわが（一休）一門の宿業じゃ、
女色だけでなく、男色まで耽る多情ぶりじゃわい。

と詠い、「一段の瘋癲《ふうてん》、大妖怪」と自称し、「狂雲は大徳下の波旬《はじゅん》」（このわし一休は大徳寺下の悪魔である）と言い、「罪過は弥天《みてん》純蔵主」（一休の罪や咎は空一杯に満ちるほど数限りないものだ）と破戒僧としての懺悔の言葉を吐いたりもしているのがまた、一休なのである。

臨済禅の正系を継ぐ禅者としての強烈な自負と高い矜持の揚言、禅に関する形而上学的な偈、虚堂《きどう》智愚をはじめとする歴代の祖師たちへの真摯な頌と賛、愛好する中国の詩人たちの頌、禅や仏道をめぐる破天荒な言辞、禅門の堕落への痛憤と風刺、愚昧な為政者への糾弾、そして破戒僧としての女色男色淫楽の誇示、それに起因する懺悔と自嘲――そういったものが全篇を通じて沸騰し、渦巻いているのが、『狂雲集』という破天荒にして不思議な作品だと言ってよい。そしてそこに収められた一〇〇〇首に近い偈や詩の中で、その華であり、ひときわ文学作品、詩としての価値を認められるのが、この稀代の奇僧、怪僧がその最晩年に生んだ森女との愛を詠った一連の詩なのである。事実、『狂雲集』の華である森女への愛を詠った一連の詩が無かったら、このなんとも個性的で他に類を見ない独自性の強い作品は、その文学的価値も魅力もはるかに乏しいものになってしまうであろう。仮に女色、男色の破戒行為を誇示する詩のみが、『狂雲集』の「色っぽさ」を特色づける作品として収められていたとしたら、かの和尚は「生涯雲雨」の好色漢ではあっても、「恋法師」として老年者の恋を美しく詠った詩人として、後世に記憶されることはないはずである。実に、森女にまつわる愛の詩にこそ、老年者の恋愛を巧みに詩に造型した、詩人としての一休の力量が発揮されているのである。

加藤周一、唐木順三、岡松和夫、栗田勇といった文学者たちがそれを発見し、また水上勉氏が、文学的想像力を駆使して、それをみごとに伝記小説に織り込んだことで、ようやくその評価が定まったかに見える。それまではこの一連の愛の詩は、性愛を詠うその赤裸々で時に露骨な言語表現によって淫詩と見なされ、禅門の側からは禁書扱いで、一休の痴態を物語る困った作品として、敬遠されタブー視されてきたところがあるようだ。それはなんとしても改めねばなるまい。先にも言ったように、私はそれらの愛の詩を、加藤氏のように「恋愛の極致の表現」だとは思わないし、栗田氏のように「赤裸々な性愛を高雅に詠い上げた、おそらく空前絶後の作品」として絶賛することにも完全に同意しているわけではない。だが『狂雲集』の掉尾を飾る森女との愛の詩が、この詩集の文学的、詩的価値を高め、わが国の中世文学が生んだ特異な文学作品として、これを位置づける役割をになっていることは、よろこんで認めたい。

茂原才欠老《もはらさいかく》の下手な歌にあるように、『狂雲集』とは、なんとも不思議で、しばしば不透明不可解な部分を含む稀有の代物だと言っても、異を唱える人は少なかろう。繰り返すが、漢詩という形を借りて、こんなことをやってのけた人物はほかにいない。宗教者の手に成るこんな特異、異色の文学も稀である。室町時代という乱世そのもの、狂気が支配してはいたが同時に恐るべき創造力を秘めていた時代が生んだ、桁外れの「一段の大妖怪」の作物《さくぶつ》に違いない。こんなものを書いたとは、実に驚くべき坊主である。

二　破戒・逆行——仏者における女色・性愛の問題

宗教者の禁欲

さてこれから寄り道をしつつ、最後の章で森女を詠った愛の詩を眺める予定だが、それに先立ってふれておきたいことがある。一休がまがうことなき破戒僧として、肉食、淫奔、女色、男色を公言誇示し、あからさまな性愛を讃える詩を作っている以上、それらの作品を眺める上で、宗教者における性の問題や、仏者・禅僧としての一休における性行動、性愛の問題や、女犯《にょぼん》へと踏み切った契機などについて、多少考えてみる必要があろう。なぜなら栗田勇氏が、「一休の風狂の中核ともいえるのが、不邪淫戒《ふじゃいんかい》の行である。」と言っているように、一休を語り『狂雲集』について云々する以上、この奇僧における性の問題は、必ずふれなければならないからである。

『狂雲集』の特色の一つは、異常なまでに強烈な女体思慕である。とは、この特異な詩集にまったく独自にして新奇な解釈をほどこした、柳田聖山氏の見解である。確かに、その理由はともあれ、『狂雲集』という作品には、全体として強く性の匂いが漂っていることは、誰の眼にも明らかである。それは中年以降（六七歳だからむしろ老年になって、というべきか）「閨坊を夢みるは、乃ち余が性なり」と言って「夢閨」と号した一休が、「したたかな好色漢」で、「一種色情狂的傾向を有する人物であった」ためかどうかは、私にはわからない。ただ江戸時代の『一休諸国物語』が伝える、一休が素裸になって川で水浴する女を見かけて、その陰門を三度丁重に礼拝し、

女をば法《のり》の御蔵とぞいふぞ実《げに》釈迦も達磨も出る玉門

（別伝では）

女をば法の御くらとぞいふぞげに釈迦も達磨もひょいひょいと生む

という歌を詠んだとか、人妻を口説いて一夜の交わりを求めたとかいう俗伝があることからしても、この禅僧に女人と女体への強い関心があったことは間違いない。さればこそ『狂雲集』という作品に、圧倒的な性への傾斜を示す、女犯の戒を犯して、酒肆婬坊で淫楽に耽ったことを誇示する多くの詩が生まれたのであろう。また、一休が非業の死を遂げた楊貴妃や、悲運の女性王昭君、失寵の宮女班婕妤などを繰り返し詠ったのは、ひとつには幼くして別れた母への強い思慕の念が作用してのことだと、諸家は説いている。それは事実だとしても、この奇僧が、仏者禅僧の作としては「女性に関する作品が異様なほど多い」、「すこぶる色っぽい」『狂雲集』なる作品を生んだのは、そもそも生来女人への絶大

な関心があったからにほかなるまい。晩年に貞信尼との歌を通しての美しい恋を体験するまで、その生活にほとんど女性の存在が感じられない良寛とは異なり、一休という人物には、少なくともその後半生には、常に女人の影がちらついていることは否めない。禅門の側には、一休の女犯《にょぼん》や淫楽遊行を文学的虚構だとする説もあるが、それが空想妄想の産物で、実体験に基づかないまったくの絵空事だとするならば、一休がなぜあれほどのエネルギーを注いで、生涯にわたって執拗なまでに女色の体験を語る詩を作り、また赤裸々な性愛を含む森女との愛の詩を書いたのか、説明がつかない。禅門の側から西村恵信師がこれについて、

どれも毒々しくて、本当か嘘かわからない。本当とすれば一休さんという人を疑いたくになるし、嘘にしてはあまりにリアルである。(『狂雲一休—仮面師の素顔』)

と当惑気味に述べているが、正直な感想だと思う。一休の所業を、「ナマグサ坊主の達観的淫坊趣味」(永田耕衣)と切り捨てて済む話ではない。加藤周一氏が、

『狂雲集』は詩集であって必ずしも詩人生涯の事実の記録ではない。しかし生涯の事実に対する詩人の反応ではある。

と言っているのはまさにそのとおりである。仮に百歩譲って、女色淫楽の詩が、作者一休の破戒行為そのものをストレートには反映しておらず、そこに虚構の要素や文学的誇張が

あるとしても、詩人として彼が詠っているのは、まぎれもなく破戒僧としての行跡である。つまりは表現者、詩人としての一休は破戒者にほかならない。作品はすべて嘘、文学的虚構であって、一休禅師のような悟達した禅者が、実際にあんな行動をしたわけではない、と主張する研究者や禅門の方々もいるが、それはそれでよい。私にとって重要なのは、表現者・詩人として、一休が愛の形をどう表現し、詠っているかということなのである。

多くの一休研究者が認めているように、私もやはり中年以降の一休には狭斜の巷へ出没や女淫、男色の行為はあったものと思う。老来己の所業を顧みて、「残生白髪にして猶色に婬す」と詠ったのが、「不邪淫戒《ふじゃいんかい》」を敢然と犯した「風狂の狂客」であった。

一休は戒律を否定し、「持戒は驢となり　破戒は人なる」と傲然とうそぶき、「淫犯若《も》し情識を折らば　乾坤変じて黄金とならん」と喝破しているが、酒楽を語り、性的表現の禁忌を突き破って、「酒肆婬坊」での女婬を誇示する一休は、仏者として魔道に落ちるはずの「不飲《ふおん》受戒」、「不邪淫戒」をどう考えていたのだろうか。

仏教に限らず、一般に宗教者、聖職者には厳しい戒律が課せられ、酒色を固く戒められ、性に関しては厳格な禁欲を強いられるのが常である。だがそもそも人間の本能に根差す性欲を抑圧し、それを禁ずる戒律を儲けること自体が不自然であり、人間の本性に反することである。だがそれを強いるのが宗教である。周知のとおりキリスト教世界では、元来修道士でありプロテスタントの創始者となったルターが、女色を禁ずるカトリックの厳格な戒律を否定し、公然と修道女を娶って聖職者として活動するまでは、少なくとも表向きには、聖職者の女性との性交渉は固く禁じられていた。中世のカトリック教会における女性嫌悪（ミソジニー）は相当なもので、人類を不幸に陥れた原罪を犯したエヴァの裔である女性は、悪魔的な存在として、聖職者が忌避すべき存在とされていたのである。抑圧された性への渇望が形を変え、トマス・アクィナスなどに見られる、異様なまでに熱烈な聖母崇拝という形をとってあらわれていることは、識者の認めるところである。（もっともその実態は表向きの戒律や禁忌とは大いに異なり、エラスムスの時代には、そもそも教皇からして女色妻帯は公然のこと、実の娘を妾にしていたとんでもない教皇さえいたことは、周知のとおりである。中世人アベラールによれば、彼が院長を務めた修道院では、女犯妻帯どころか、強盗まがいのことまでやらかしていた修道士たちがいたとのことである。これは女性に関することだが、中世のさる女子修道院では、「祈祷の声よりも赤ん坊の泣き声のほうが高かった」という記録があると、昔何かの本で読んだ記憶がある。リビドーを抑圧された中世の修道女の中には、キリストとの肉の交わりを夢想し、それが「聖痕」という形であらわれたという記録もあるほどだ。性に関して禁欲を強いる戒律は、さほどにも守りがたいものらしい。）

カトリックの修道士、神父は現在でも女色妻帯は禁じられており、ギリシア正教の聖地とも言うべきアトスの修道院は、今日なお女人禁制である。仏教にしても、初祖達磨大師をはじめ、歴代の禅宗の祖師たちが、「不邪淫戒」の戒律を固く守ってきたことは言うまでもない。若き日の一休が弟子として、その下で過酷、苛烈な禅の修行に一心に打ち込んだ、謙翁宗為《けんおうそうい》、華叟宗曇《かそうそうどん》をはじめ、名だたる禅匠たちが、生涯不犯の清浄無垢の一生を送った人々であることは、言を俟たない。室町時代は、堕落腐敗し、世俗化、文化人化した当時の禅僧の多くが、表向きは仏者、禅者であっても、「頭ハ剃レドモ欲心ハ剃ラヌ」「円頂方袍の婬奸」（頭を丸め、袈裟をまとった好色漢）として、実際には戒律を破り、酒色に耽っていたことは、『狂雲集』で激しく指弾されているとおりである。そもそも京の都の娼家街・色街からして、中国帰りの禅僧の助言によって作られたものだというではないか。だがそれはあくまで陰での行為であって、一休のように公然と女犯淫楽を公言し、それを詩や偈として公にした破天荒な禅僧はいない。

そもそも仏門の徒、仏者として積極的に僧侶の性愛を肯定し、本来「魔道に落ちる」とされている女犯の戒を犯し、「不邪淫戒」を否定することはまさに革命的なことである。親鸞が人間の本性に反することとして戒律を敢然と否定し、肉食妻帯を避けず、公然と結婚して子女を儲けたのは、「僧に非ず俗に非ず」と宣言する覚悟があってのことであった。それは浄土宗の枠内にあっても、まさに異例の出来事だったはずである。また、七人の妻妾をもち、二七人もの子供を儲けて、彼等を教団勢力拡大に役立てた浄土宗本願寺の僧蓮如と、一休は大変親しい仲であった。最澄、空海以来の伝統仏教から見ても、禅門の側からしても、女犯の戒を堂々と犯した破戒者であるはずのこの二人の仏者の生き方や仏道を、一休は否定せずに認めて受け入れている。それは寛大というよりも、むしろ積極的

な肯定ではなかったろうか。一休が親鸞の肖像に賛として、

襟巻のあたたかさうな黒坊主こいつの法《のり》は天下一品

という歌を添えたという逸話も、仏者としての親鸞を認めていた証であろう。一休は堕落し印可状を濫発する当時の禅門のありかたに憤慨絶望して、念仏宗への改宗を宣言した一時期があった。六四歳の折のことである。「予今衣を更《か》えて浄土宗に入る」と述べて、

離却禅門最上乗　禅門の最上乗《さいじょうじょう》を離却して、
更衣浄土一宗僧　衣を更《か》う　浄土一宗の僧。

とあるのが、それである。この一件に関して中川徳之助氏は、「色欲に溺れるわが心への自制もその一因と考えることができるように思われる」と述べている（『髑髏の世界』）。一時にせよ改宗まで考えた理由は、一休自身に問いただしてみないとわからないが、「不邪淫戒」の戒律をめぐって、一休の内心には後年に到るまで激しい葛藤があり、持戒と破戒の間を揺れ動いていたのではなかろうか。蔭木英雄氏は、改宗はあり得たという観点に立っていて、（禅を安売りする養叟一派への）「憤激の余り、改宗することは十分考えられる。」と述べている。柳田聖山氏は改宗宣言を一休の「単なる空想である」と片づけているが、仏者にとって改宗宣言が、空想だったり冗談の種にするほど軽いものだとは、私には到底信じられない。臨済禅の悟達者であり、その正系を継ぐ者としての強烈な自負を抱

いていた一休が、軽々に改宗を口にすることなどとは思われないのである。

山折哲雄氏は「一休—その心情」(『日本仏教思想史論序説』所収)と題された炯眼な一休論の中で、一休の「改宗宣言」にふれて、

もちろん一休が実際に改宗転派をしたことを証する記録はないし、それをそのまま信ずることはできない。だが現実には行ないえないようなことを大真面目にまくし立てて溜飲を下げるようなところがかれにはあり、それはしばしば躁鬱病的な自己韜晦の傷痕を示すことがあるのである。とすれば、「前徳前塔主虚堂七世孫むかしは純一休いまは禅僧法華宗たちの念仏宗純阿弥也」の一種異様な戯文は、一休におけるもう一つの「晦迹」もしくは「韜光」を象徴するイロニッシュな表現であると見ることができるであろう。

という見解を示している。果たして一休の「改宗宣言」がまじめなものであったのか、堕落しきった当時の臨済禅への憤激から出た一時の冗談だったのか、それとも彼一流の韜晦だったのか、私には最終的な判断は下せない。いずれにせよ、結局一休は最後まで禅を捨てることなく、禅門の枠内にとどまり、とてつもない破戒僧として行動する道を選んだのであった。尊崇する師が、たとえ一時であれ禅宗を捨てて他宗への改宗宣言したとなれば、弟子たちにとっては、なんとも都合の悪いことだったためか、『年譜』には、この改宗宣言にかんする記述は、一切ない。

一休の破戒

『狂雲集』では、ことさらにその破戒行為が偽悪的に誇示されている一休だが、この坊さんにしても、仏門に入り出家となった当初から破戒僧であったわけではない。後には、同時代を生きた連歌師心敬僧都によって、

今の世に、行儀《ぎやうぎ》も心地《しんぢ》も、世の人に替《かは》り侍ると聞こえぬるは、一休和尚なり。万《よろず》のさま、世人《よひと》には、はるかにかはりはべると、人々語《かた》り侍り。(『ひとりごと』)

と伝えられるような、世人の眼を驚かす破天荒で奇矯な言動や、破戒無慚な逆行によって知られる奇僧、狂僧となったにせよ、一休にはそれに先立つ、清浄な沙門として厳しい修業に忍苦精進し、ひたすら参禅学道に努めた時代があった。皇胤、つまりは南北朝統一後の最初の天皇である後小松天皇と南朝の遺臣の女性との間に生まれたと言われながら、宮廷を追われた母の許から引き離されて、わずか六歳で出家を強いられているのである。(それは皇位簒奪を狙って、わが子義嗣を天皇の位につけようという野望を抱き、南朝の皇統を断つべく、皇子たちを次々と出家に追い込んだ、足利義満の意向によるものだという。)

最初安国寺に入って長老像外集鑑の童子《ずんなん》となり、周建と呼ばれた雛僧生活を経て、その

後は関山派の禅僧で、純粋禅を守った孤高清貧にして無欲清浄、孤高険峻な謙翁宗為師の下で五年ほどを過ごし、師の遷化後は、さらに厳格峻厳な禅風を貫いた華叟宗曇師の下で苦修弁道、九年にわたる過酷な求道一筋の日々を送ったのである。華叟師に「風狂」と評される奇嬌な性格であったにせよ、その時代の一休は、「もし婬を断たざれば必ず魔道に落つ」と信じて、「不邪淫戒」や女犯などとはおよそ無縁の、ストイックに持戒に努める禅僧であったと思われる。（これはふれておかねばならないが、一休は華叟師の下に参ずる前の雛僧時代に、五山詩の大家であった絶海中津の弟子で、当時傑出した詩人として知られた慕喆竜攀《ぼてつりゅうはん》に作詩を学び、『三体詩』を手本として、一日一首詩を詠むという努力を重ねたという。詩人としての力量はこの時代に養われたものと思われる。詩文を何よりも重んじ、どこの寺の住持にもならなかった、この師の影響はかなり大きかったと想像される。）

　では一休はいかにして清浄無垢の不犯の沙門から、女色に惹かれる「生涯雲雨の一閑僧」、女犯淫楽を広言する破戒僧へと変貌したのだろうか。柳田氏の指摘する、「異常なまでの強烈な女体思慕」を特色とする『狂雲集』の作者としての一休を考えるとき、一休における禁欲と性への衝動、性愛への態度といったものを考えないわけにはいかない。

　女人という存在を「外面女菩薩内面夜叉《げめんにょぼさつないめんやしゃ》」だと説き、「女体垢穢《にょたいくえ》」を強調して、女性との接触、女色、女犯を固く戒める仏教の戒律が、性愛への衝動を抱く青年僧を苦しめることは、みずから禅門の小僧として禁欲の生活を強いられた体験をもつ、水上勉氏が、その伝記小説『一休』でつぶさに物語っているところである。幼少にして自ら出家を志した明

恵上人でさえも、

幼少の時より貴き僧に成ならんことを恋願《こひねが》ひしかば、一生不犯《ふぼん》にて清浄《しゃうじゃう》ならん事を思ひき、然るに、何《いか》なる魔の託するにか有けん、度度《どど》に既に婬事を犯さんとする便り有りしに、不思議の妨げありて、うちさましうちさましして、終《つひ》に志を遂げざりき。(『明恵上人伝記』)

と、度々性行動への思いに駆られた経験があったことを語っている。戒律に縛られる仏者、禅門の徒における性の苦悩、青年僧における性の悶えは深刻なものがあるはずである。人間に本来備わっている性行動を抑圧する極度の禁欲は、逆に妄想や異性への異常な形での欲望や妄想を生む。聖書のウルガタ訳で知られる聖ヒエロニムスが、砂漠で隠棲修行中に肉欲への誘惑と戦い性的妄想に悩まされたのは、その一例である。戒律に従い、湧き上がる性への衝動、肉欲と闘わねばならぬのが、宗教者、聖職者に課せられた宿命である。初期キリスト教会の偉大な教父で神学者のオリゲネスは、厳格な禁欲主義者で、肉欲への誘惑を断つため、自らの手で性器を切断去勢したことは、よく知られている。その弟子たちも、これに倣った。リビドー、肉欲の問題は、ことほどさように宗教者苦しめるものであることがわかる。禅寺での小僧時代を過ごしたことのある水上勉氏によれば、中学時代に学ばされた『佛説四十二章経』という本には、「婬を断ぜんとすれば陰を断ずるに如かず」とあったとのことである。

「明恵上人伝記」には、山中に独棲して戒律に従った厳しい修行に明け暮れる禁欲僧が、性衝動に駆られて、「期せずして婬事起これり」、「女根床鋪《じょこんゆかしく》覚えていしき障《さは》りとなりぬ」という経験をしたと語られているが、禅僧に限らず、仏道修行に励む出家者の多くが同様な経験するようだ。若き日の一休も、やはり性の悶えに苦しんだことであろう。江戸時代の人慈雲尊者が、「此の男女《なんにょ》あり、男女あれば、その情欲あり。無《なし》と云うべからず。」と言っているとおり、色欲の克服、煩悩調伏は、仏者にとって大問題に違いない。人としてこの世に生を受けた者は「愛染」の念去りがたく、それを癒す大黄湯《だいこうとう》つまりは妙薬なんぞは、そうそう簡単にはみつからない。人間であるかぎりは、王維の詩に言う「毒竜」つまりは煩悩肉欲を制するのは不自然でもあり、禅者といえどもそれに悩まずにはいられまい。ましてや一休のように、幽谷深山に独棲して座禅に明け暮れる道を嫌い、民衆に立ち混じって市街を放浪しつつ禅境を深めた仏者にとって、「魔道に落ちる」可能性は高かったと思われる。

一休が師華叟に大悟を認められ、その膝下を離れて衆生済度のために「長胎聖養《ちょうたいしょうよう》」の日々に入ってからも、京の都をはじめする畿内で放浪しつつ「風飡水宿《ふうさんすいしゅく》」の修養生活を送っていたとなれば、おのずと女性と接触する機会も多かったであろう。悟道の醇化長養を怠らなかったにせよ、一方では性の誘惑は大きかったはずである。貴賤を問わず、むしろ積極的に下層の民衆と交り接化に努めたとすれば、狭斜の巷をも徘徊し、京の都の十軒に四五軒はあったという娼楼や「酒肆婬坊」に足を踏み入れることがあったとしても、不思議ではない。乱世にあって春をひさぎ、かろうじて命をつないでいた「辻君」、「立君」と呼ばれ路上で客を引くと下級娼婦や遊女たちも、接化の対象であったと考えられる。一休が当時一代の美女として名高かった遊女地獄太夫に、

聞くよりも見ておそろしき（別伝では「美しき」）地獄かな

と歌いかけ、太夫が即座にそれに応えて、

しにくる（別伝では「生きくる」）ひとの落ちざらめやも

と返したとか、死んだ遊女のために後生を願う人たち請いに応じて、

僧は衣をうり女は紅《べに》をうる、柳はみどり花はくれなゐ。喝。

という歌を詠んで引導を渡したみごとに成仏させたとかいう逸話にしても、あながち虚構として退けるわけにもいくまい。事実かどうかは別として、「一休蜷川狂歌問答」で、

傾城はぐせい（弘誓）の船の渡し守しにゆくひとをのせぬ日はなし

とかいう歌を詠んだとされる（実際には江戸時代の後人の作に間違いないが）のも、謡曲『江口』の作者に擬せられるのも、そういう背景があってのことである。いつとは断定できないが、華叟の下を離れてから、色街の女たちとも交渉があったことは、ほぼ確実だと

河鍋暁斎「一休禅師地獄太夫図」

思われる。ついで言えば、奇才と称すべき明治の画家河鍋暁斎に、遊女地獄太夫と戯れる一休和尚の姿を描いた絵があって、これがまたおもしろい。

『狂雲集』の詩は、制作年代が確定できないので、この作品からは、いつ頃から一休の破戒、女犯淫楽が始まったかは明らかではない。（西田氏は『狂雲集』に「婬坊十載興、窮《きわま》り難し」という句があることから、一休の遊女買いは三十代の末ごろから始まっていると説いているが、確証はない。）芳賀氏の言うように、一休が生来女体への強烈な思慕を抱く「一種の色情狂」だったとしても、少なくとも師華叟の下を離れるまでの彼には女人の香感じられず、「不邪淫戒」を固く守り、女色を詠った詩は残していないように思われる。『狂雲集』には一休の青年時代の作も含まれているようであるが、岡松和夫氏によれば、この集に収められた殆どの詩偈は四十歳以後のものであるという。とすると、持戒に徹した不犯の禅僧だった時代には、女色に耽ったことを誇示したり、色愛の様相を語ったりした詩を作っていないのは当然だと言えよう。少なくとも、「酒肆婬坊」出没をことさらに誇示揚言する詩は、ほとんどすべてが「聖胎長養」中の放浪生活に生じた、「性格転換」を経ての作であることは間違いない。

ともあれその性に潔癖で持戒堅固の青年僧一休が、やがて『狂雲集』の作者として姿を現した折には、昂然と「婬坊十載興窮《きわま》り難し」、「昨日俗人今日は僧《きのうはぞくじんきょう》」と詠う「瘋癲《ふうてん》の大妖怪」に変貌しているのである。

一休の「性格転換」――持戒僧から破戒僧へ

若き日の真摯な求道者一休が、朱鞘の木刀を腰に都大路を徘徊したり、めでたい正月に髑髏を竹の棒に突きさして、「このとおり、ご用心、ご用心」と言いつつ人家の門をめぐって、人を驚かせたりする奇矯な言動に出たり、肉食、耽酒、女色、男色、酒肆婬坊への出入りを公に佯言する「風狂の狂客」、「一段の瘋癲、大妖怪」に変貌したのは、先学諸家が説くように、中年以後のことであろう。（一休の奇行は、『臨済録』にその奇行が伝えられている「佯狂」の僧で、普化宗の祖とされる普化和尚に倣ったところがあるらしい。虚無僧で知られるこの宗派の祖を一休は崇めており、その「賛」を書いている。もっとも、夭折した宗教学者前田利鎌が言っているように、洒脱自在な奇行の主としては、「その迫力においても、そのスケールにおいても、普化の方がはるかに強烈でまた雄大であるように思われる。」ことも否めないが。）つまりは師華叟から受けた印可状を投げ捨てて「長胎聖養」の生活に入り、畿内の諸方を行脚放浪した歳月を経てのことである。それは「天下三分の二餓死」と一休自身が詠ったように、実に恐るべき時代であった。天災、疫病、大飢饉、一揆が暇なくうち続き、ある年は洛中の餓死者だけでも八万人を越え、死者の屍で賀茂川の流れが堰き止められたというほどの、まさに地獄絵図そのものの乱世狂気の中で、悲惨な生活を送っていた民衆に混じって、地を這うような「風飡水宿」の日々を送る過程で、芳賀氏が言う「性格転換」が起こったものと思われる。というよりも、青年時代までの厳しい修養生活で禁圧抑制されていた、生来の女性への絶大な関心、女体思慕が、眼前にいやおうなく繰り広げられている修羅場を踏んで生活をしている中で解き放たれ、一気に噴出したと見る方が事実に近いような気がするのである。なにぶん一休自身が「淫風の盛んなること、亡国に幾《ちか》し」と嘆くほど、乱世の中では京の都でさえ淫風に満ちていて、すでに鎌倉時代に「路上に姦する者」は処罰するとの禁令が出ていたにもかかわらず、乱世ともなればさようなことはお構いなしで、

同居牛馬犬兼鶏　　同居す　牛馬と　犬と鶏と、
白昼婚姻十字街　　白昼婚姻《はくちゅうこんいん》す　十字街。
人道悉之畜生道　　人は道《い》う　悉《ことごと》く是れ畜生道と。
月落長安半夜西　　月は落つ長安、半夜の西。

牛や馬や犬鶏と一緒くた、
真昼間《まっぴるま》から、男と女が交わってる。
これがみんな畜生道というやつじゃ。
夜中に月が長安の西に沈んでゆくわい。

*（言うまでもないが「婚姻す」とは、男女の交合を意味しており、ドイツ語訳にあるような、wird an der Strassenkrezung Hochzeit gehalten（十字路で結婚式がおこなわれる）というような上品なことではない。いささか品の悪い富士正晴訳では、「昼日中　オソソやってる十字街」ということである。「長安」とは京の都を指している。）

という、すさまじい性の修羅場が人々の眼前で繰り広げられていたのである。そんな状況で、生来「強烈な女体思慕を抱いていた」一休が、いつまでも「不邪淫戒」、女犯《にょぼん》の戒を堅持していたとは考えにくい。想像するに、下化衆生に努める中で酒肆婬坊への来往が始まり、複数の女性たちとの交わりがあって、一時期であれ妻帯も経験したのであろう。一休に妻がいた時期があることは、「勇巴（男色）尽きて妻に対して淫す」、「僧に在っては白眼、妻に在っては青眼」、「自己は年来の妻を受用す」と言った詩句があることから推して、ほぼ確実だと思われる。）後に直弟子となる子岐翁紹偵を儲けたのも、その間のことと推測されているし、晩年に鍾愛した少女「紹固侍者」を一休の娘だと見なす研究者もいる。

『狂雲集』に詠われている女色、男色をはじめとする一休の破戒者として行動は、すべて文学的虚構だと主張する人もいるが、一休自身が『狂雲集』の中で、みずからの破戒の所業を認め、「同門の老宿、余の淫奔肉食《いんぽんにくじき》を誡む」と言っているのだから、実際にそういう行動があったと考えるのがやはり自然である。本人が、同門の老僧から破戒行為を戒められたと言っているということは、一休のそういう方面での放埒な行動が、世人の噂になっていたからに相違ない。この事実を無視して、あれは全部嘘で、フィクションだとする説をなす人は、何を根拠にそう主張するのか、不思議でならない。禅門の側で、古田紹欽氏などは、「酒肆婬坊詩はすべて装った嘘である」と主張しているが、ではなぜ一休が根も葉もないまったくの絵空事や文学的妄想を、あれほど執拗に繰り返し詠っているのか、その理由を説明してもらわないと納得できない。大徳寺・真珠庵の住持を務めた山田宗敏師は、それに関しては柔軟な理解を示し、壮年期の一休の女色について、

長い間勉学、修業中は女性に関心も向けられなかったが、今は自由の身、一気に女性が関心の的になるのは、壮年一休としては当然のことで、食欲、性欲は生きるために止めることは出来ない。節制し充たすべきものである。（『大徳寺と一休』）

と言っている。『狂雲集』を読んだかぎりでは、一休の場合は「節制して充たす」どころか、呆れるほど過度に充していたとしか私には思えないのだが。

一休にしても、「魔道に落つ」とされた女犯の戒に背き、破戒を高言する境地に到達す

るまでには、性をめぐる内心の激しい葛藤、苦悩があったに相違ない。芳賀氏は一休の変貌について、

一休は煩悩と理性との闘いに敗れ、性への衝動を「到底抑へきれず愛欲の広海に沈没し、その愉悦にひたった。

と説いている。いや、私の想像ではそうではなく、一休の攻撃的かつ能動的な性格からして、愛欲の念に負けたというよりは、むしろ破戒の逆行こそが真の禅者の道と覚って、積極的に女犯淫楽の世界に飛び込んでいったのではないかと思われる。言ってみれば一休はみずから身をもって、仏者に課せられた性の問題に答えを出そうとしたのではなかったか。彼が吐いた「婬坊酒肆に功勲あり」、つまりは娼家や飲み屋だって禅道修行の助けとなるのだ、という詩句は、それを物語っているように、私には見える。それに一休は、

淫犯若能折情識　淫犯《いんぼん》　若し能く情識を折らば
乾坤忽変作黄金　乾坤　忽《たちま》ち変じて　黄金と作《な》らん

つまりは「淫犯がもし煩悩をうちくだくことができるならば、天地がたちまち黄金のようになるではないか」（平野宗浄師訳）と喝破しているのである。一休が『沙石集』を読んでいたかどうかは知らないが、大恵《だいえ》禅師が、

只心ニ煩悩ヲノゾカズシテ、シキテ道理ヲ説キテ、飲酒《おんじゅ》、食肉《じきにく》、菩提ヲ障《さへ》ズ、行《ぎやう》盗《とう》、行淫《ぎやういん》、般若ヲ妨ルコトナシト説クハ、大《おほき》ニ邪見ナリ。

と言って仏者を戒めていることなどは、念頭になかったのだろうか。それとも、飲酒、食肉は菩提の障害とはならず、「行盗」はともかく、「行淫」も般若（大覚の仏成果得る平等の知恵）を得る妨げにはならぬと覚って、女色淫楽の世界へと身を投じたのだろうか。

ともあれひとたび女犯の快楽を知った知った一休は、もはやそれを避けようとはせず、ついに人間の本性に反する「不邪淫戒」の戒律、性を抑圧する禁欲の強制を否定し、一方では罪業意識を抱えながら、最終的には性をタブー視することなく、性愛を美しいものとして肯定し、賛美するに至ったと思うのである。（元来仏教には、性愛を肯定する考えがあったことは、山田宗純氏の『大徳寺と一休』の「一休を読む」の章で、やや詳しく説かれている。）その到達点が、森女との愛の詩にほかなるまい。それはやがて、人間の欲望の全的肯定にまで到達することになる。平野宗浄師は、その著『一休と禅』で、一休の破戒は意識的なもので、明確な根拠と目的があってのことだと指摘している。つまりは臨済と大燈国師の思想を受け継ぎ、「真正の見解をもった人間にとっては戒律などあってもなくても大した相違はない。必要なのは戒律ではなくて真正の見解である。」という明確な意識もって破戒をしたのに相違ない、というのである。禅に暗い私にはその当否は判定できないが。それならば『狂雲集』の詩の随所に見受けられる罪業意識の表出、懺悔とも見える告白をどう受けとめればいいのか、という疑問は残る。

嘗て厳格な持戒に努めた青年僧が、中年以後「酒肆婬坊」での遊行淫楽を言い、ことさらに女色、性愛を誇示する詩を作るようになったのは、ひとつには、世俗化し頽廃した教界の実態を見せつけられ、禅僧たちが表向きは戒律を守っているかに見せかけながら、その実裏面では飲酒、女犯、男色に耽っている醜態を見極めた上での、禅門の徒の偽善に対する強烈な当てつけであったとも解せよう。

山林富貴五山衰　　山林は富貴五山は衰う
唯有邪師無正師　　唯《ただ》邪師のみ有って正師なし

と憤っているように、出家遁世どころか無住法師の言う「出家貪世」の「邪師」あふれる堕落した禅門の徒に対する一休の怒りは激しかった。それゆえ逆行を誇示するのは確かに、堕落した禅僧社会を攻撃糾弾する偽悪的な戦法でもあったかもしれないが、それにしては、「罪過は弥天　純蔵主」つまりは一休の犯した破戒の罪や咎《とが》は、空一いっぱいにあふれるほど計り知れない、という詩句に見られるような、罪業意識を示す懺悔の詩が多すぎる。彼の破戒行為を偽悪とのみ断定するのは、危険ではなかろうか。

女体思慕や女人を詠った詩が『狂雲集』にあふれるようになったのは、以上の理由に加えて、幼少の折に引き裂かれた母への思慕の情が、女犯を経験し、女人の愛を知ったことによってさらに深まり、そのたぐいの詩を生む契機となったとも考えられるのではないか。過酷厳格な修養時代に押さえつけていた情念が、一気に噴出したと見るは僻目《ひがめ》か。一休が数多くの女色淫楽の詩、あからさまな性愛を語る詩を数多く残したのは、単なる破戒ではなく、戒律を超克した次元での行為だったのかどうか、俗人の私には断定できない。また一休がそのような詩を書いたのは実体験に基づいてのことではなく、「婬欲を以て詩文に換う」という詩句があることから、女色淫楽を詠う風雅の詩文によって、淫欲の苦悩の浄化を図ったのだと説く向きもあるが、これもにわかには信じがたいところがある。浄化説を唱えているのは平野宗浄師で、師は、

彼の真の自由への浄化が苦悩であったと同時に苦悩の浄化が彼にとっては詩作であった。その故に彼は苦吟するのである。彼の偈頌や詩の内容をそのまま事実と考え、彼の行動批判に直結させるのは愚である。（『一休と禅』）

と述べている。確かに、詩人であれば脳裏に浮かぶ痴情や妄想を言語化して詩という形で造型し、そこにカタルシスを求めるということはあるかもしれない。エロスにまつわる古今の詩には、そうして書かれたものもあるだろう。だが一休の逆行淫楽の詩には、そう受け取れない部分がどうも大きい。とりわけ最晩年を彩る森女との愛の詩にはそれを強く感じさせずにはおかないものがある。言うまでもないことだが、詩はあくまで詩であって、行動の記録でも日記でもない。私としても彼が詩として造型したものが、一休の実体験、生の現実をそのまま記録したものだなどと主張するつもりはないが、創作の動機に彼自身

の性行動が作用し、反映していることは否みがたいと思うのである。詩に詠われている内容をそのまま作者の日常生活に性急に結びつけるのは危険だが、逆行淫楽の詩は禅者一休の単なる虚構、空想、夢想であって、まったくの絵空事であると言い切れるだろうか。そう主張する人は、何を根拠にそのような断定を下すのか、それが知りたいところだ。断っておくが、私にはその作品、彼の破戒逆行の詩をもって、一休の行動批判をしたりするつもりは毛頭ない。先に言ったように、むしろ解放された自由な人間の姿を赤裸々に詠った「瘋才」の作に接して、煩悩の消えぬ俗漢として、救われた思いがしているのである。

詩作による色欲浄化ということに関して言えば、そもそもそういう作品を公的な性格をもつ偈として、禅の修養に励む会下の弟子たちに示すというのは、どういうことなのか。それでは現代の禅師が、自作自演のポルノビデオを弟子たちに見せるようなものではないのか。一休が己の破戒無慚の所業を告白懺悔する何篇もの詩は、そういった見解では説明できないと思う。中本環氏は、一休の破戒行為、逆行誇示の詩（氏によれば詩ではなくあくまで偈だが）を、私生活における事実でその生活の赤裸々な告白ではなく、破戒逆行の詩は、「こういうのも人間の大問題だぞ」ということを弟子たちに示す、教育的意図があったと見ているが、これもどうも信じられない。一休が詩偈という形で不邪淫戒を踏み破った己の姿を白日の下にさらして、「皆のもの、わしの逆行淫楽はこのとおりじゃ。これが人間の真の姿というものだ。何似生（これでどうじゃ）。このわしの真似をしてはならぬぞよ」と示しているということか。「反面教師」という言葉があるが、師の色淫の偈を読んだ会下の弟子たちはむしろ「では師に倣って俺も、その人間の大問題とやらをひとつ体験してみよう」と思わないだろうか。本当だとすれば、妙な教育の仕方があったものだ。「一休の真似をして寺を追い出され」という、江戸の川柳がつい脳裏に浮かんでしまうのである。

さらに言えば、女色の詩について、栗田勇氏は、「女淫を手段として、それを利用して悟りを深める」ものだと述べているが、女色に耽り性愛に没入することが、なぜ悟りを深めることになるのか、煩悩のみあって仏心も信仰も無き凡俗の徒にはまったく理解できない。それで悟りが深まるものならば、大いに悟りを深めたいものだし、老齢にしてなお多くの若い女性を妻や愛人としていた、「紀州のドンファン」氏などは、よほど深く悟っていたのだろう。（深く悟りすぎた結果、怪死することとなったのは人も知るところだ。）俗漢としての見解を、正直に言わせてもらえば、一休の女色淫楽を、悟りだのなんだのに無理に結びつけて考える必要はないと思う。女犯女色はあくまで、「強烈な女体思慕」を抱いていた、この信じがたいまでに精力絶倫の怪僧の色欲を満たすためだったと、即物的に考えたい。加藤周一氏がその小説『狂雲森春雨《くるいぐももりのはるさめ》』のなかで、森女の口を借りて、一休の女色について、

> ふとその頃のある日訪ねてきた僧の、師の女色に耽られたのも、罪を通して阿弥陀の慈悲を知るためであったか、といえば、いや親鸞聖人でさえ女色に耽るのは女色の

ため、阿弥陀のためでも救いのためでも悟りのためでもなかったろうと、いう人の声はまるで遠い他人事を語るかのようで、

と言わせているのは、氏による一休の女色淫楽の受けとめかたを物語っているものだと思われる。

ともあれ、『狂雲集』の詩から窺うかぎり、志操堅固な持戒者、女色とは無縁の清浄無垢な青年僧は、中年以後大きく変貌を遂げ、「酒肆婬坊」出入して淫楽を昂然と詠い誇示する破戒僧、「風狂の狂客」としての貌を見せるに至った。以後「狂雲の邪法　甚だ扶け難し」と自認し、「酒に婬し、色に婬し、詩に婬する」風狂の狂客が、狂風を巻き起こしつつ、破天荒な詩や偈を生むことになる。

狂雲誰識属狂風　　狂雲誰か識《し》らん　狂風に属するを
朝在山中暮市中　　朝《あした》に山中に在り　暮に市中。

と詠い、深山幽谷での閑居を嫌って、婬坊娼家の立ち並ぶ京の都や堺の町を徘徊し、市中で狂風を吹き起こしつつ、女色、男色の歓を尽くすのである。すくなくとも、詩の中ではそう行動しているのである。

一休の女体開眼が、その後の禅的境地の深まりや、悟達の境地にどう作用したのか、私にはさっぱりわからないが、その奔放不羈な生き方が人間一休の振幅を広げ、その作品に

奥行きを与えたことは確かと思われる。それによって『狂雲集』という詩集が、宗教者の作品としてはまさに異例な「色っぽさ」を加えたことは言うまでもない。一休は彼の言う「酒肆婬坊」来往によって女体思慕への渇仰は癒したであろうし、その体験を告白また懺悔した詩を何篇も生んだが、それがこの風狂僧に真の意味での愛のよろこびを与えることはなかったと考えてよい。女犯《にょぼん》淫楽を詠ったその艶詩、閨房礼賛の詩が、それを物語っている。それは愛の詩と呼べるようなものではないからだ。森女を発見するまでの一休の女色性愛は、相思相愛でも恋愛でもなく、まさに「自受法楽」の行為であった。水上勉氏はそれについて、

> 総じて、女性については一方的な態度で接した。つまり己が「性」の欲するところにあらわれた相方に対し、美醜を問わず、心赴くままに意をつくして惑溺した気配である

と言っているが、肯綮に当たる見解だと思われる。そこには女色はあっても、恋愛感情と呼べるような精神性は認められないのである。これは私の偏見ないし謬見かもしれないが、一休の女人を見る眼は、俗に言う「上から目線」であるように思われるのだが、どうなのだろう。日々命をつなぐために、娼楼や湯屋あるいは街頭で袖を引き、一休に春をひさいだであろう、飢餓線上にあった百姓の娘である下級娼婦や茶立て女たちのことを、どう思っていたのか、女色の詩からは窺えない。そういう悲惨な境涯にある女たちを、接化

によって苦界から救ったというわけでもなさそうだ。「自行の僧」であった良寛とは異なり、蓮如と同じく衆生の接化、教化に努める「化他の僧」であったはずの一休だが、『狂雲集』から見るかぎりでは、女人相手の性愛の歓は尽くしたが、苦界にあえぐ女人たちの救済に努めた気配はない。人間として生を享けた者の中でも、女人こそ五障三従の身として男にまさって罪深い存在とするのが、仏教の女性観客であった。さればこそ一休と親しい仲であった蓮如は、「女人正機」つまりは阿弥陀仏による女人救済を、繰り返し説いたのだが、一休にはそれが見られないのである。

一休には女人を惹きつける魅力があり、女人たちに大変人気があったようだが、最晩年に得た、生涯の伴侶である森女を識るまでの一休にとって、女人とは色欲の対象でしかなかったのだろうか。生来強烈な女人思慕、女体思慕はあっても、女人に精神性を認め、それを崇め尊しとする姿勢は、その作品からは読み取れないと思うのだが、これは謬見であろうか。

ついでにいえば、一休が権力者の足利一族や、義政の妻で亭主を尻に敷いて権力をふるっていた日野冨子などを、弾劾糾弾する高飛車な調子も驚くに足るものだ。やはり一休は、自分が皇胤であって、まかり間違えば皇位に就く可能性すらあったことを、ひそかに意識していたのであろうか。小僧時代に突然寺をおとずれた将軍義持を、その近侍の手を握り「あっかんべえ」をして追い返したなどという話も、皇胤説を裏付けるものだろう。ただ度胸のいい小僧の大胆にしてあっぱれな振る舞いとして済まされるものかどうか。公にはできぬ日陰の身とはいえ、後小松帝の第一皇子として生まれた身だという自覚があったればこそ、将軍の前にもたじろがなかったとも考えられよう。

そんな一休が、なんと七八歳という頽齢で盲目の瞽女との運命的な出逢いによって、老年の愛のよろこびを知り、詩人として一段と高い次元へ脱皮し飛躍を遂げたのであった。いかにも官能的ではあるが恋愛詩と呼ぶに足る、単にエロティックとは言い難い純度の高い一群の愛の詩を遺したのである。それが『狂雲集』に中の華と目されている森女との愛の詩にほかならない。一休が堂々と女犯を高言誇示する破戒僧であったればこそ、世にもユニークな恋の詩が生まれたのである。禅門の徒にとっては困ったことかもしれないが、破戒という行為が、稀有の形による恋の詩を、この国の中世文学にもたらしたことは幸いであった。

森女との愛の詩を取り上げて眺める前に、前置きと寄り道が長くなったが、本題に入るに先だって、次章でさらに寄り道して、まずは「風狂の狂客」としての一休の「酒肆婬坊」出入来往の詩に、続いて女色男色の詩の何篇かに、ざっと眼をやっておきたい。それが最晩年に詩的結晶を見せた、森女との愛の詩とは性格を異にするものであることを示すために、そういう手続きが必要だと思われるからである。

第二章　「婬坊酒肆」出入の詩

一休は戒律を踏み破っては蹴転《けころ》がす淫楽誇示の大和尚かな

――茂原才欠《もはらさいかく》

一　自戒者から破戒僧へ・「酒肆婬坊」来往宣言

前章で述べたように、一休が彼の言う「酒肆婬坊」に出没し、酒色に耽るようになったのは、中年以後のこと、師華叟の膝下を離れ一介の野僧として、京の都をはじめとして、畿内各地で放浪生活を送っていた頃のことと思われる。市川白弦氏が推測しているように、そのころを境に遊女がいる娼楼に足を運び、春をひさぐこともした「茶立て女」や湯女などを相手に、安手の居酒屋などで濁醪《どぶろく》を酌んだりする生活に入ったのであろう。そういう金の出どころがどこであったのか、それが不思議だが、一休は扇に詩や歌などを書いて売る売扇業を生業としていたというから、それが飲み屋や娼楼での資金となっていたのかもしれない。栗田勇氏の推測によれば、

一休に、京や堺のスポンサーがいたとすれば、酒食の接待をうけ、当然「上臈《じょうろう》」=「女郎」、「白拍子」といった高低遊女と歌舞音曲でたわむれたと思われる。

ということである。当時美女として名高かった遊女地獄太夫との歌のやりとりなどにかんする逸話も、そういう背景があってのことかもしれない。無論すべて推測の域は出ないが。

飲酒については、『狂雲集』に「濁醪《だくろう》一盞《いっさん》詩《し》千首《せんしゅ》」、「濁醪一盞酔うて醺々《くんくん》たり」、「酔歌独倒す濁醪の樽」といった詩句があり、一休は「余、会裏《えり》の徒を誡《いま》しめて曰く、酒を喫せば必ず濁醪を用うべし」とも言っているから、「不飲受戒」はかなり早くから破っていたかと思われる。(偶然のことから清酒ができたのは江戸時代のことであるから、この時代には濁酒《どぶろく》しかなかったはずだが、ほかにどんな酒があったのだろうか。)一休の飲酒について、柳田聖山氏は、

　一休は弟子たちにも濁り酒をすすめます。そんな「狂雲集」の詩から、一休はいつも濁醪に泥酔していたなどというイメージをつくりあげるのは、困ったことです。

と言っているが、いつも泥酔していたとは思わないが、一休が酒を好み「不飲受戒」を破っていたことは間違いなかろう。一休の場合は陶陶自楽、楽しむ酒ではなく、烈々たる瞋恚の酒であり、堕落した禅門の徒への反発ないしは当てつけとして、身を挺してことさらに己の爛酔、酔態を誇示しているため、酒浸りだったかのような印象を与えるのである。良寛にも酒を愛し、飲酒の楽しみを詠った詩や歌が数多くあるが、一休とは違って、ことさらに己が飲酒を誇示することもない、ごく自然体の陶陶自楽の酒境が詠われている。茂原才欠《もはらさいかく》と名乗る現代の奇人に、

　一休も良寛も酒を讃へけり僧侶飲まずと誰か言ひける

というヘンな歌があるが、女色と異なり、良寛と同じく一休は飲酒に関しては罪悪感を抱いた形跡はない。飲酒は一休ならずとも、頽廃堕落した当時の禅僧の多くが、陰ではこっそりとしていたし（飲んでいたのは酒ではなく、「般若湯」だったかもしれないが）、五山の詩僧たちに到っては、詩会を開いた後で盛大な宴会をひらくのを常としていたとのことである。和歌森太郎『酒が語る日本史』によれば、一休の生きた室町時代というのは、寺院までが酒気芬々たる有様だったという。

若き日の一休が敬意を払っていたらしい大徳寺二二世岐岳和尚が御所喝食を招いて毎夜酒宴を開き、一休に「どうじゃ、お前にわしの境涯がわかるか」と訊いた折、一休はその求めに応じて詩を作って和尚を称えており、「不飲受戒」を咎めている風は一向にない。一休の奉じていた臨済禅ではなく、わが国の曹洞禅の祖である道元禅師の『清規《しんぎ》』（これは禅門の生命だとのことである）を覗いてみると、禅者の心得として、「寮中酒肉五辛を入れるべからず、凡そ葷酒茹《くんじょ》の類、寮邊に將來すべからず」とちゃんと書いてある。「般若湯を喫せば、濁醪を用うべし」などは、無論どこにも書いてない。臨済禅にしても同じことであるはずだが、これをわが国に伝えた大応国師から華叟師に到るまでの祖師たちは別として、一休以後の禅門では、「不飲受戒」は空文化していたものか。（ちなみに、現在でも禅寺の門前に「不許葷酒入山門《くんしゅさんもんにいるをゆるさず》」と大書した石柱が立っているのを見かけることがあるが、あれは正しくは「許さざるも葷酒山門に入る」と読むのだという冗談を聞いて、なるほど思ったものだ。破戒僧であることを強く自覚していた一休は、その居住した諸方の寺

（と言っても不許その多くは庵程度のものであったが）のいずこにも、「不許女人魚肉五辛等妄入山門（みだりにさんもんにいるをゆるさず）」などという、そらぞらしい文句を掲げるような真似はしなかった。現代でも京都の祇園の上客は僧侶だと聞くが、色街に「不許僧侶入花街」という看板を掲げたら、いかがなものか。もっともそうしたところで、寺の拝観料で潤っている観光僧たちは、「許さざるも僧侶花街婬坊に入る」ということになるのだろうが。）

いずれにせよ、一休のように「不邪淫戒」に背く己の所業を、あからさまに誇示した仏者はいない。しかも、こともあろうに、本来会下の弟子たちを教化するための偈の中で、それを詠っているのである。『一休和尚年譜』の校注者として知られる仏教学者今泉淑夫氏は、一休の「酒肆婬坊」来往は、『維摩經』にある教導のための「方便」であって、彼はそれを実践したのだと説いている（『一休とは何か』）。つまりは娼楼や飲み屋への出没は、衆生救済のための利他行であって、この破戒僧の艶詩はそれを詠ったものだというのである。女色淫楽を詠った詩には、そういう側面もあったかもしれないが、それだけでは説明がつかない部分があると思うのだ。破戒は利他行と心得ての行動ならば、「五逆は元来衲僧《なっそう》にあり」といったたぐいの、随所に見られる懺悔や自嘲をどう解すればよいのか、それが問題である。今日祇園などに通っておられる僧侶の方々は、それによって「方便」として利他行に努め、大いに花街の女性たちを教化しておられるのかもしれない。「出家遁世」ならぬ「出家貪《とん》世」（これは『沙石集』に見える無住法師の言葉だ）を遂げた仏者も、色欲だけは容易には断てないものらしい。議論はともかく、まずは作品に即して、それを一瞥してみよう。

一休が四七歳の折のこと、大徳寺の老宿たちの請いを容れて、やむなく大徳寺の境内に建てられていた如意庵に一旦は住したものの、一処不住、風湌水宿こそ仏者として己の生きる道と心得ていた彼は、そのわずらわしさに耐えかねて、居住することわずか十日でそこを退院《ついえん》している。その際に、一休が同じ大徳寺内の大用庵に居住していた養叟和尚宛に、次のような偈を残して去って行ったことは、よく知られているところだ。

如意庵退院
寄養叟和尚

住庵十日意忙々
脚下紅糸線甚長
他日君来如問我
魚行酒肆又婬坊

如意庵退院《にょいあんたいいん》
養叟《ようそう》和尚に寄す。

住庵《じゅうあん》十日　意忙《ぼう》々、
脚下《きゃくか》の紅糸線《こうしせん》　甚《はなは》だ長し。
他日《たじつ》　君来って如《も》し我れを問わば、
魚行《ぎょこう》　酒肆《しゅし》又婬坊《いんぼう》

＊以下本書における『狂雲集』からの詩の引用は、特に断らない場合は、春秋社版『一休和尚全集』第一巻、第二巻所収のテクストに拠る。読み下しは原則として平野宗浄氏、蔭木英雄氏に従うが、私意によって少々改める場合もある。

平野氏の注によれば、右の詩の「却下の紅糸線」というのは、煩悩の印を意味するとのことなので、それを汲んで一篇を反訳してみると、こうなるだろう。

十日の間寺住まいしてみたが、心せわしないことだった。
わしの足裏の煩悩の印の紅い線はいつまでも消えぬわい。
いつかあんたがやってきて、わしの居場所を訊いたなら、
魚屋か、飲み屋か、女郎屋にでもいるわさ。

これはまさしく殺生戒、不飲受戒、不邪淫戒を真正面から否定した、大胆極まる「破戒宣言」にほかならない。一休はここでそれを公然と詩に託して宣言しているのだ。これは養叟に対する露骨な当てつけであり、言ってみれば一休は「風狂の狂客」として、法兄に向かって威勢よく啖呵を切っているわけである。右の一篇は、詩としてはおよそ上々の出来ではなく、詩的価値はまったく乏しいが、あからさまな破戒宣言として見れば興味深い。直接的には、一休が軽蔑し忌み嫌っていた養叟に投げつけた挑戦状のようなものだが、同時に世俗化し堕落しきって陰で女色、男色に耽っていた禅門の徒に向かって放たれた、毒を含んだ矢でもあった。水上勉氏は小説『一休』の中で、この詩について、これを大徳寺本山を名指しての宣戦布告であるとし、

一山の長老、養叟にも向けたこの偈は、じつは一休の果たし状であったことは、の

ちにきづかされる。ここで思い直しておかなければならないことは、一休は華叟の思想を、しっかりと抱き留めていることである。

と言っているが、詩的価値は乏しくとも、それを示している点でも軽視はできない作である。これに接した養叟和尚が、どんな反応示したかは、残念ながらわからない。「血を銜《ふく》んで人に噴けば、その口汚る」と弟子たちに説きながら、一休は『自戒集』の中で、彼が憎悪軽蔑していたこの法兄にありとあらゆる罵詈雑言を浴びせ、養叟が癩病に罹って死んだなどという嘘まで捏造して攻撃しているが、この和尚がそれに反応した形跡は見られない。大度寛容に法弟を赦していたのか、それとも所詮は禅門の異端、負け犬の遠吠えとして無視していたのか、今となっては知りようがないのである。大徳寺の長老としての地位を獲得していたこの人物にしてみれば、一介の野僧一休の悪罵なぞは、いくら浴びても痛くもかゆくもなかったのかもしれない。

一休が在住わずか十日で、蓑笠のみを手にして大徳寺での生活を捨てたのは、ひとつには実際にそこでの日々がわずらわしかったからであろう。一処不住の「風飡水宿《ふうさんすいしゅく》」こそが禅者本来の生き方と信ずる彼にとって、住持として一院に腰を据えることは不本意だったに相違ない。それに加えて、大徳寺内には、一休が「魔魅の禅」と呼ぶ、俗化し商業化した禅を安売りし、印可状を濫発していた法兄養叟がいた。大徳寺第二十六世住持を務めた養叟は、衰微していた大徳寺の勢力を盛り返そうと、「宗政家」としての辣腕をふるい、「密参」をおこなって女人の参禅をも積極的に認め、その周辺には女性の出入りも多かったらしい。一休はこの法兄の下での女人の参禅を、痛烈に批判している。「参禅の婆子　楊下の帳《とばり》、室に入る美人、蘭蕙の茵《しとね》」と皮肉って、養叟が女色に耽り、参禅の女人を褥《しとね》へと誘っているかのような詩も作っているのである。『自戒集』ではさらに露骨に、

比丘尼養叟妻狗　比丘は養叟が妻の狗《いぬ》、
握裸美尼纖々手　裸《まら》を握る　美尼の纖々《せんせん》たる手。

などとも言っている。

養叟の法嗣で、一休が嫌悪していた春甫和尚への痛罵もまた激しく、「癩病」、「猢猻（しっぽの無い猿）」、「姦賊」などと呼んで罵倒し、女人参禅を「納豆（女陰）の臭いがする」として、『自戒集』では、こんな詩を作って皮肉を浴びせてもいる。

比丘尼魔魅無窮　比丘尼を魔魅《まみ》すること窮り無し、
仮名古即汚法中　仮名の古即は汚法の中。
紹熙書院納豆底　紹熙の書院は納豆底、
大婬菴裏婬成洪　大婬菴裏婬を成すこと洪きなり。

春甫和尚の禅は、怪しげで比丘尼をたぶらかすものだ、仮名付けの法門などを

教えて、大徳寺の法を汚している。その書院は納豆（女陰）の臭いがするわい。大婬菴では、淫事が大々的におこなわれているのでな。

「大婬菴」とは、春甫和尚の大蔭庵を皮肉って言ったものである。『狂雲集』には、これと同様な詩が何篇も連なっている箇所もある、『狂雲集』という作品とつきあうのは楽ではない。時に辟易させられるのは、私のような怠惰な読者ばかりではなかろう。

一休が大徳寺を飛び出す直前に、先師華叟十三回忌が盛大に営まれたが、それに際して先師の法嗣たることを自負する養叟が、とくとくとして一切を取り仕切っていたことが一休の癇にさわり、怒りが一気に爆発して寺を去ったのだと諸家は言う。法要に参列した人々が、如意庵近くにあった大用庵《だいゆう》に居住していた養叟の方ばかり押しかけ、自分の方には如意庵入りを祝って、わずかな人しか来なかったことに、一休がむかっ腹を立てたのだと説く人もいる。（市川氏は、一休がこの法兄《ほうひん》に対してずっと嫉妬心を抱いていたとの見解を示している。この法兄が自分に先んじて師から印可を受けていたことが、師の正嗣たることを自負する一休には、耐えがたかったのだと私は推測している。禅僧といえども、そういう点ではなかなか悟ることができず、憎悪、怨念、羨望といったものは克服超越できないものらしい。一休は養叟の没後三年て経ってもなお、執念深くこの法兄を罵倒し続けている。）「出奔」に近い形で大徳寺を飛び出すに際して、以前から禅を売る「邪師」、「栄衒の徒」として激しく嫌っていた、この法兄にあてた一種の挑戦状とも言える右のような詩を叩きつけたのであろう。
もう二篇「酒肆婬坊」出没を詠った詩を引いてみよう。
まずは「自賛」と題された詩から眺めてみたい。

風狂狂客起狂風　　風狂の狂客　狂風を起こす、
來往婬坊酒肆中　　来往す　婬坊酒肆の中《うち》。
具眼衲僧誰一拶　　具眼《ぐげん》の衲僧《のうそう》　誰か一拶《さつ》せん、
画南画北画西東　　南を画《かく》し　北を画し　西東を画す。

四句目が人によって解釈が異なり難物だが「ああかこうかと、推測するのみ」という市川白弦氏の解を採る。先学諸家の訳に学んでこれも反訳してみる。余分な講釈は短くし、寸言を付するにとどめよう。

風流狂いのこの坊主めは　気ちがい風を巻き起こし
色街、飲み屋をあちこち日がなうろつく。
禅を極めた坊主の誰かで、わしと渡り合う奴はおらんか。
わしの一面をなぞってあれこれ推測するだけで、正体はつかめはせんぞ。

これも詩としてはつまらない作だが、具体的に女たちとの交情を詠っているわけではないが、堂々たる破戒宣言であり、「酒肆婬坊」への出入りを昂然と揚言している点で、無視はできない。その上で、具眼の禅坊主で文句があるやつがいたら、いつでも相手になってやるぞという、臨済禅の正系を継ぐ者としての強烈な自負と気負い、烈々たる反逆心と気概が読み取れる、喧嘩ごしの意気軒高な作である。純粋禅を守り抜くことを誇負している、一休ならではの作だとの感が深い。実際、世俗化し、堕落していた当時の臨済宗禅門の徒で、一休と対等に渡り合える力量の持主は、そういなかったことだろう。

もう一篇、老いてから、嘗て「婬坊酒肆」に遊び、彼の言う風流の世界で遊戯《ゆげ》に耽ったことを回想して詠った詩を掲げる。

狂雲真是大燈孫　　狂雲は　真に是れ大燈の孫
鬼窟黒山何称尊　　鬼窟黒山《きくつこくざん》　何ぞ尊《そん》と称《しょう》せん。
憶昔簫歌雲雨夕　　憶《おも》う昔　簫歌雲雨《しょうかうんう》の夕《ゆうべ》
風流年少倒金樽　　風流の年少　金樽《きんそん》を倒せしことを。

これも老年になってから、その昔色里で風流淫事を楽しんだことを、ことさらに誇示する一篇で、その大意は次のようなものである。

この狂雲こそ大燈国師の正当な法孫じゃ、
鬼が棲むような山中で座禅に明け暮れているのが、なんで尊いものか。

憶えばむかし、歌舞音曲の中で女たちと遊興を尽し、
年若い美女との風流狼藉で、酒樽をぶっ倒したものじゃ。

この詩の最終句の「風流の年少」を女人ではなく、「美少年」と解する人もおり（石井恭二氏、柳田氏）、柳田氏はさらに「美少年」とは一休自身のことで、「幼時の自負」だと説いているが、ここはやはり娼楼の女性、遊女と解したいところだ。そもそも頂相（肖像画）で見るかぎり、中年以後の一休は百姓親爺そのものの風貌で、とても昔は美少年だったとは思えない。氏の「山中に住んで、一休は狂雲の自負を深める。枯木寒厳の禅を批判するのだ。」という注記は頷けるが、後半の二句の

今に忘れぬ、艶歌の雨に、
ダルマ倒した　美少年。

という訳はなんのことやらわけがわからず、私には受け入れがたい。一休は雛僧だった時代に、娼楼に遊んで酒を喰らい、銚子酒樽を倒した想い出を詠っているというのだろうか。「美少年」時代の一休は、女犯《にょぼん》女色とは無縁の、清浄無垢な修行僧だったはずだが。中国の飲酒詩によく見る、酒樽を意味する美称「金樽」という詩語を「ダルマ」と訳しているのも、私には不可解である。酒が「般若湯」であるように、禅の世界では酒樽や銚子のことを「ダルマ」と言うのだろうか。博雅の士の示教を請いたいところだ。

いずれにしても、「婬坊十載興窮まりなし」と詠ったこの破戒の大和尚は、根っからの都会っ子であって、花街もなく女人の影もない山中で、ただ一人「只管打坐」に徹するような人物でなかったことは確かである。

山の端に我も入りなむ夜なよなごとにまた友とせむ

と詠った明恵上人や、同様に

山ずみの友とはならじ峯の月かれも浮き世をめぐる身なれば

との歌を遺した道元禅師とは、その仏道修行や禅境が大きく異なっていたことは否めまい。

「酒肆婬坊」に出没来往の詩はまだまだあるが、その一瞥は、これくらいでよかろう。次には女色の詩を取り上げるが、これは晩年の作である森女との愛を詠った詩を考える上でも、詩人としての一休の脱皮、成長をの跡を確かめる上でも、看過しえない意味をもっている。

二　女色の詩

さて今度は女色そのものを詠った詩を、四篇眺めてみよう。山折哲雄氏がいみじくも「観念的な春画」、「形而上学的な春画」と性格づけたこれらの詩の中には、「艶詩」というよりは「淫詩」と呼びたくなるような作もあって、私の知る限り漢詩にはあまり例を見ないような、淫風を湛えていると感じられる。淫猥と言っては言い過ぎだろうが、性の匂いが強く漂っている詩が多い。その表現は時として露骨で、精神的な恋愛詩と呼べるような内容の作品はなく、宗教者、僧侶の作としては異例中の異例の作品というほかない。むしろ『ギリシア詞華集』に見出される、娼婦、遊女の性愛、性技を描き詠ったエロティックなエピグラム詩を想起させるものがある。いずれも文学的、詩的価値は高いとは言い難く、芸術性は乏しい作だと評さざるをえない。中本氏が言うように、これも禅門の徒を悟達に導く偈であるというのなら、そういうものを読んで、果たしてどんな破戒無慚の禅坊主が育つやら、心もとないことである。

最初に引くのは、そのものずばり「婬坊に題す」と題された作で、よく言えば愛の讃歌、というよりは性愛、閨房讃歌であり、戒律を突き抜けた破戒僧として、居直ったような趣のある詩である。この詩は第二句の解釈が難題であって、諸家の解釈は、人によってかなり異なる。それをどう解するかで詩全体の受け取り方も変わってくるから、少々厄介な作だが、作者の言いたいことが、後半二句にあることは明らかである。

題婬坊
美人雲雨愛河深
楼子老禅楼上吟
我有抱持唼吻興
竟無火聚捨身心

婬坊に題す
美人《びじん》の雲雨《うんう》　愛河《あいが》深《ふか》し
楼子《ろうし》老禅《ろうぜん》楼上《ろうじょう》の吟《ぎん》
我れに抱持《ほうじ》唼吻《しょうふん》の興《きょう》有り、
竟《つい》に火聚捨身《かしゅうしゃしん》の心《しん》無し

第二句の「楼子」を平野師は「楼子和尚」を指すものと解して、「楼子和尚は楼上の女の歌で悟った」と反訳している。注記によると、確かに昔の中国にそういう体験をした坊さんがいた話は伝わっていたようである。楼子和尚なる人がいて、偶々《たまたま》酒楼の下で草鞋の紐を結び直していた際に、楼上の人（遊女であろう）が唱うのを聞いて大悟し、以後「楼子」と号した、という話である。遊女の歌を聞いて悟りが開けるというのも、変な話だが、庭掃除をしている折に、石が竹に当たる音を聞いて突然悟った、という有名な話もあり、禅の世界は俗人にとっては奇々怪々である。一休にしても、座禅していた夜明けに、鴉の鳴き声を聞いて、突然に悟ったと本人が語ってその悟りの体験を詩にしているが、禅の心得なき俗人にはなんのことやらわからない。だがここで詠われているのは昔の坊さんの悟り云々といったことではないと思う。

柳田聖山氏の注には、楼子とは「妓楼の男のこと、遊夫。すでに去勢されている」とあって、これはよくわからない。去勢された男が妓楼に上って何をしようというのだ。それに氏の「枯れた坊主の、女郎歌」という都都逸調《どどいつ》の訳では、いくら頭をひねっても、後半の二句とのつながりが私にはわかりかねる。一方二階進氏は、「楼子は青楼・妓院などであったろうか」と述べて、「その愛欲に溺れて、老僧は遊女屋で吟ず」と反訳しており、この詩を一休がみずからを詠った作と見なしている。中本環氏もその点は同じで、この句を「遊女（楼子）と禅僧のわたしとが、青楼の上でうたっている」と説明している。いくら僧侶といえども、娼楼へ足を踏み入れるのはあくまで淫事が目的であって、ただ娼妓と歌をうたうために、さようなところに出没する馬鹿はなかろう。もっとも、『狂雲集』に、「俗人婬坊の門前に詩を吟じて帰る」と題された詩があるし、世の中は広いから、わざわざ妓楼へ行ってそこに入らず、ただその前で詩を吟じただけで帰る馬鹿ないしは酔狂人がいなかったともかぎらない。昔から世に奇人変人は多いのである。

ここは一歩解釈を進めて、この句は女犯の淫楽、性愛に耽ったことを言っているのだと受け取ってよい。市川氏、石井氏も同じく、「楼子」とは遊女を指し「老禅」とは作者一休自身のことだとしている。その解釈に立って、石井氏の反訳では、前半二句は、

　　性愛の露に濡れ深む美人の婬、
　　遊女と俺は妓楼の女と褥《しとね》をともにする。

となっているが、これこそが正鵠を射たものと私には思われる。平野師の「楼子和尚は遊女の歌で悟った」というのは、やはり後半の二句との関係が明確ではない。「楼子」とい

うのは昔の中国にいた坊さんのことでも、去勢された妓楼の男・遊夫でもなく娼妓であって、「老禅」とは、婬坊に遊んで性愛の歓楽を尽す作者自身、つまりは一休を指しているものと解される。前半の二句を昔の中国での他者のことと解したのでは、作者一休が後半二句に託した、破戒坊主としての傲然たる宣言が力を弱め、詩的効果が失せてしまうことは明らかである。一休が詩人であるかぎり、それは作者の意図するところではなかろう。「どうじゃ、わしはこんなに女犯淫楽の限りを尽くしておるのじゃ」と大いに力んで、逆行をことさらに誇示してこそ後半が生きてくるというものだ。大昔の天竺での羅漢と同じく、一休和尚は婬坊を来往して大いに大智を発揮しておられるつもりなのかもしれない。

岡松和夫氏は右の詩には淫色に溺れる一休の自嘲があるとみて、これを、

> 美しい女に会えば、愛欲の思いは激しく動く。そういうわけで妓楼に出かけては、もういい年をしているのに痴れた流り歌などを女相手にくちずさむのである。私は女を抱き、唇をあわせる快楽の中に溺れる。火の中に身を投げるようにして現への執着を断つことなど、とてもできそうにない。

という風に解釈している。最終句「竟《つい》に火聚《かしゅう》捨身《しゃしん》の心《しん》無し」に慚愧の念、自嘲を読み取ることは可能で、なるほどと思う面もあるが、私の受け取り方は、後半二句にかんしては氏のそれとは異なる。その口吻からして、これは自嘲というよりは、むしろ偽悪的で挑戦的な内容の詩だと思うのである。一休がここで、表向きは禅の修養に努めているかにみ

せかけて、その実陰でこっそりと娼楼通いをしているような生臭坊主、堕落した禅僧たちの偽善的振る舞いに対して、ことさらに不邪淫戒、女犯の戒を犯す己の姿を誇示揚言していることは、明らかである。私自身はその本を読んではいないが、水上勉氏の伝記小説『一休』に言及されているところによると、高島米峰という人の本には、五山の老宿の大半はみな女犯をなして口をぬぐっていたと、書いてあるそうである。この時代には自戒者として生きる禅僧がいかに稀で、例外的な存在だったかが知られようというものだ。

第三句の「唼吻《しょうふん》」というのは接吻のことだというから、「抱持《ほうじ》唼吻《しょうふん》の興」とは、女を抱き接吻を浴びせる楽しみを言っているわけである。（とかく仏教用語は難しくて困る。『往生要集』にある「歍抱《うほう》して婬楽《いんぎょう》せんをや」というのも、接吻し抱擁することだと註にある。「口吸ひ」という立派な日本語があったのに、「歍抱《うほう》」など言われると、なんのこっちゃと浅学の俗人はつい愚痴か出る。）そして最後に、「炎のように煩悩が燃えさかるこの身を、禅の修養のために捨てる気は、このわしにはさらさらないわい」と威勢よく言い放っているものと受け取れる。作者の烈々たる気負いを感じさせる作である。堕落した禅門の徒に向かって戒律に背く己の逆行を誇示して、傲然と肩をそびやかすがごとく、「この俺を見よ、おまえさんたちのように、行いすまして世を欺いている似非坊主とは、わけが違うのだ」と言いたいのだろう。それにしても、真正面からよくも昂然と言い放ったものだ。これぞ「陰翳礼賛」ならぬ「婬坊礼賛」ではないか。岡松和夫氏は、この詩に一休の自嘲を読み取っているが、その挑発的な口吻からしてここには自嘲はなく、むしろ禅者としての一休の誇負があると、私には感じられる。不要とは思うが、一応拙訳を付しておく。

美人との愛のいとなみは深い河のようなすばらしさじゃ、
娼妓と老いたこの禅坊主とが歓を尽して鼻歌歌う。
わしには女を抱いたり接吻したりの楽しみはあるが、
煩悩に燃えるこの身を捨てる気なんぞは、さらさらになし。

栗田勇氏はこの詩を評して次のように言っている。

これほど、生々しく具体的イメージで、女性との交情をうたった詩人はいない。後半の二句で反転するどころか、さらに淫行に没頭すると断言することで、女淫を手段として、それを利用して悟りを深めるという、形式論理など飛び越えて、淫に没しきった極致で、悟りをうたうのが一休だ。

これぞまさに炯眼、肯綮に当たる見方だと感嘆したいところだが、「女淫を利用して悟りを深める」というのがわらない。それこそ「なんのこっちゃ」と文句を言いたくもなろうというものだ。一休はこの女色淫楽を誇示した詩で、そこまでは言っていないと私には思われる。これはあくまで陰でこっそり淫楽に耽る堕落した禅坊主たちへの偽悪的当てつけであり、挑戦だと受け取るべきではなかろうか。色欲に発する女色はあくまで女色であって、悟りとは無関係である。一休は淫楽を極めることによって悟りに到達云々、という ことを説く人がほかにもがいるが、悟りには無縁の俗漢である私は、そういう見方は採らない。

ちなみに、富士正晴氏は、この一篇をこんなふうに訳している。いささか品位にかけるが、飄逸でおもしろい訳である。総じて婬坊を詠った詩は「艶」でさえなく、佳麗だの優雅だのといった趣は欠けているから、こういうとぼけた訳のほうがふさわしいような気がする。

美人とねればおぼれんばかり
娼妓と爺《じじ》坊主　楼でやってる
わしには有るよ　抱擁キッスの楽しみが
ついに無い　猛火の中の捨身の心

次いでもう一篇女色淫楽を詠った「侍妾に寄す」と題された詩を掲げる。これは多言を弄して説明したりする必要はなさそうだが、「夢閨の美妾、黄金の穴」といった露骨な表現があって、読む者を驚かさずにはおかない。先に言ったとおり、これはむしろ「淫詩」とも言うべき作品であって、詩的価値は乏しく、芸術的完成度はおよそ高いとは思われない。こういう作品を愛の詩と呼ぶわけにはいかない。

寄侍妾
遠望何須雲路梯
黄眠月色小楼西
夢閨美妾黄金穴
不管青天白日迷

侍妾に寄せる
遠望何ぞ須《もち》ひん雲路の梯《かけはし》
黄眠の月色、小楼の西。
夢閨の美妾、黄金の穴、
青天に管せず、白日迷ふ。

この詩は『一休和尚全集』にも、中本環氏の『酬恩庵本　狂雲集』にも載っていないので、石井恭二氏の『一休和尚大全』から引くこととする。ついでに氏の訳も拝借させていただくこととしよう。それにはこうある。

眺めるのに雲の梯《かけはし》はいらない、
もう黄昏の月が西に傾いている。
夢閨の美しい侍妾の大切な淫の穴、
青空の下でも昼日中から、もう夢中。

詩題の「侍妾」というのが、具体的にはどの女人を指して言っているのか詳らかにしないが、一休の近侍でその愛を享け、交情があった相手とみてさしつかえない。虚構にせよ何にせよ、これは女色に溺れている作者の姿を詠った作であることは間違いなさそうだ。自身が言う「女姦、邪路、仏も扶け難し」ということか。こういう詩は事細かに講釈しないほうがよいが、夜を待たずにまだ日も高いうちから、交情の相手である女人に迷い、その女陰に惹かれて夢中だというのなら、これは「艶詩」というよりも「淫詩」と呼ぶべき作だろう。「黄金の穴」とは、なんとも露骨な表現ではないか。女色に惹かれ、女犯の快楽を詠ったかような詩もあるのだと、知っていただければ、それでよい。一休に「色情狂」的なところがあったとする、芳賀幸四郎氏や鈴木大拙氏の見解も、こういう詩に発するものかと推測されるのである。後に森女への性器接吻を詠った、「美女の婬水を吸う」という性愛の詩をものした「夢閨」こと一休ならはでの、きわどい表現を用いた大胆きわまる一篇である。

西田正好氏は「一休の性のエロチシズムには、ふしぎなくらい汚れというものがない」と言い、山田宗敏師もまた「一休の艶詩には不浄感や不潔感のない爽やかな素直さがある」との印象を洩らしているが、確かに開けっぴろげで素直さはあるにしても、果たしてポルノグラフィー寸前の右のような詩に、「爽やかな素直さ」があるかどうか、そのあたりは受け取る人によって違うだろう。私にはそんなふうには感じられないが。右の詩などはあまりにもむき出しで露骨であるから、かえって淫靡ではないとは言えるかもしれない。エロスの美は秘め隠すところに発生するから、一休の女色淫楽の詩エロティックでらない。アポリネールが恋人ルウへ手紙の中で彼女への愛を詠った詩に、

僕のいとしい可愛く瞬く星よ、お前を愛す

素敵にやわらかい肢体　お前を愛す
くるみ割りのようにきつく締めつける外陰部、お前を愛す
薔薇色にもえてつんと立つ左の乳房　お前を愛す、
やわらかく薔薇色に息づく右の乳房、お前を愛す
泡立たないシャンペンのような色の右の乳首　お前を愛す
生まれたての子牛のよう額のこぶのような左の乳首　お前を愛す
君が繰り返し愛撫したため肥大した小陰唇、お前たちを愛す
優雅に蠢きぐっと突き出される尻の双山、お前たちを愛す
くぼんで暗い月のような臍　お前を愛す

（堀田郷弘訳）

といった詩句があるが、あまりにも開けっぴろげな表現なので、少しもエロティックではないのと、似たようなものである。エロスの感覚は秘め隠すところから生じるものである。ルネッサンス時代の裸体画や近代の画家による裸婦像が、女性の美しさを感じさせても猥褻感やエロティシズム感じさせないのと同じことである。山田師の評言に見られるように、総じて一休崇拝者の一休論、一休の文学の評価は無条件にそれを賛美する傾きが見られ、割引してかからねばならところがあるようだ。
ちなみに、一休の作として伝わる、女陰を詠った「女婬」、「淫門に題す」という狂詩二

篇があって、ひねりが効いていてなかなかよくできている。とりわけ二首目の作は傑作と言ってよい。座興に『一休和尚全集第三巻』に収められている『一休咄』と、『一休関東咄』からそれぞれ引いてみよう。一休の真作ではなく、江戸時代の才人の作かとも思われるが、こういう狂詩を作るのには、かなりの詩才がいることは確かである。

女婬　　　　　　　　女陰

元来有口更無言　　生まれながらに物言わぬ口がある、
百億毛頭擁丸痕　　あまたの毛におおわれて丸い穴がある。
一切衆生迷途所　　あらゆる凡夫のおちいる所（地獄に堕する所）、
十万諸仏出身門　　十万三世の諸仏もそこから世に出た門だ
　　　　　　　　　（人は皆母親から生まれるむという意味で、諸仏が生まれる玄妙の門）。

*反訳は飯塚大轉氏による。訓読とルビは省いた。

題淫門　　　　　　　淫門に題す

両脚山中有小池　　両足の（付け根のこんもりとした）山の中に小さな池がある。
東西南北草離々　　その池の四方は草が茂っている。
無風白浪起烟波　　風もないのに白波がとめどもなくわき起こる、

一目朱龍出入時　　それはまさしく隻眼の朱い龍が出入する時なのだ。

＊反訳は同じく飯塚大展氏による。

仮にこれが一休の真作だとすれば、両篇は共通の物件への関心から生まれ、根は一つだということになる。色街に出入していた色好みの洒脱な奇僧の筆になる作だとしても、おかしくはない。江戸時代以前に、こんな狂詩が作れる人物はあまりいないのではないかと思う。

女色の詩をもう二篇だけ見てみよう。今度の詩は娼妓ではなく、一休に近侍していて、その愛の対象だったと見られる、「御阿姑上郎」という女人の交情を詠った作である。こういう詩も、あまり詳しく講釈したり説明したりしないほうがいいだろう。次の二篇は『一休和尚全集』には載っていないので、石井氏の『大全』から、氏による反訳ともども引用させていただく。（第一首は中本環校注『狂雲集・狂雲詩集・自戒集』に収められているが、残念ながら注釈はない。）

御阿姑離席　　御阿姑、席を隔つ
遠隔相交四尺余　　遠隔相交はる、四尺の余、
睢鳩化行是吾居　　睢鳩《しょきゅう》、化《か》行《おこな》はる、是吾が居。（傍点—引用者）
鰥床一夜三千里　　鰥床《くわんしやう》の一夜、三千里、
孤鴈天涯誰氏書　　孤鴈は天涯に、誰《た》が氏の書ぞ。

少し隔てて向かい合って坐る、
交情するのは、俺の部屋で。（傍点―引用者）
独り寝の夜は、三千里を隔てた思い、
雁の便りは、誰が届けてくれるのか。

賀夢閨姑侍者帰寺　　夢閨が姑侍者が寺に帰るを賀す
三日別離永劫心　　三日の別離、永劫の心、
湘江涙雨洒胸襟　　湘江の涙雨、胸襟に洒《そそ》ぐ
夢閨簾外松梢月　　夢閨、簾外、松梢《しょうせう》の月、
山舎夜深君共吟　　山舎の夜深く、君と共に吟ず。

三日の別れは永劫のようだった。
湘江の涙雨が襟を濡らしていた。
儂は簾の外の、松の梢を眺めていた、
山の庵の夜更け、君と情を交わす。（傍点―引用者）

一首めの詩は、なんらかの理由で御阿姑が一時寺を去って、彼女に「床離れ」された一休が、独り寝の寂しさをかこったもの、「長々し夜をひとりかもねん」というわけであ

る。二首目は彼女が戻ってきてまた交情できるよろこびを詠った作と解される。石井氏の「交情するのは俺の部屋で」とはすばり言い切った反訳だが、「睢鳩化《か》行《おこな》はる」というこむつかしい詩の表現は、『詩経』の冒頭の歌の「關關睢鳩《かんかんたるしょきゅう》」を踏まえたもので、要するに男女の交合を意味している。この二首で詠われている「姑侍者」という女人は、御阿姑上郎と同一人物と思われる。長年一休に近侍していた「御阿姑」という女人はまったく素性がわからない。柳田氏はこの人物について、「一休晩年を色どる、美しい近侍の一人とみられる」と述べている。つまり一休には、「酒肆姪坊」以外にも、女人との交情性愛の場があったというわけである。中川氏がこの女性を、「母のように接することのできる年配の女性」と見ているのはやや見当はずれで、一休が性愛の相手としていた若い女性と考えるべきだろう。すらりとした痩せ型の美女だったらしく、「御阿姑上郎の痩容を賛す」という詩があって、「その美しさに腸が断たれる思いだ」と一休は詠っているからである。色好みの和尚は、美人が好きだったらしい。一休には彼女の入浴姿を詠った作もある。

寵愛していたこの女人に対する一休の態度は、彼女を詠った詩から判断するかぎりでは、娼楼の女たちに接する態度とはやや異なっているようである。彼女が単に色欲を満たすための存在ではなかったことは、森女に対する場合と同様に、名指しで彼女との愛のいとなみをうたっていることからも、推察できる。そこには後の森女への愛のような湧き上がる歓喜はなく、交情の相手ではあったが、単なる淫欲の対象を越えた愛だったようにも見えるのである。右に見た二篇にしても、恋の詩とは言えないが、娼楼の女たちとの交わりを詠った淫楽の詩とは、やや異なる性格を帯びた詩だと、私の眼には映る。右の二首目の「吟ず」というのは、先に見た詩にもあったが、女人とともに「吟ずる」という表現は、「雲雨」と同じく、情を交わすことを婉曲に言っていることは間違いなかろう。柳田訳の「君を夢みた、山の夜ながい」というのはなんのことかよくわからないが、この句の意味するところは、ただ一緒に歌をうたうというような意味ではなさそうだ。世も更けてから、人気がない山の庵で、坊主が若い女と一緒にうたうというような、風雅風流な話ではないと思う。そんなことをしてどうするのだ。右の詩は二篇とも精神性は低く、愛の詩と言える域には達しておらず、やはり女色の詩に入れるべき作だと思われる。

実は右に引いた二篇のほかに、「侍妾に寄す」の「侍妾」ないしは御阿姑上郎かと思われる「妾」と呼ばれている女人への愛を詠った詩が二篇ある。これには「妾」がそれに唱和した漢詩も付されていて、彼女の真作だとすれば、相当教養の高い女人だったことになるが、御阿姑と同一人物だとは断定はできない。（この三篇は『全集』には収められていないが、中川氏の書に引かれているので、それに拠って内容を窺うことができる。）それは、「妾有り。余に随うこと久し。一日俄爾《がじ》として辞去す。これを挽けども留まらず」という序があって、「妾」に突然去ってしまわれた一休が、彼女を哀惜して、独り寝を強いられた嘆きを詠った作である。禅僧でありながら、「妾有り」と堂々と書き記す度胸は凄いが、内容はエロティックでもなんでもなく、単なる男の「孤閨」をかこつ平凡な詩にすぎない。一篇だけ引くが、二篇とも、

離思悠々白髪新　　離思　悠々、白髪新たなり、
空依脩竹問佳人　　空しく脩竹に依りて佳人を問う。
沈吟夜々枕頭涙　　沈吟す、夜々、枕頭の涙、
燈痩鰥床一老身　　燈は痩す鰥床の一老身。

というような、先に見た「御阿姑離席」と似たような内容の詩である。先の詩と異なるのは、交情などは詠われず、性愛詩としての性格を帯びていないこともあって、これは女色淫楽の詩そのものとは言い難いが、一休の身辺には、娼楼の女たち以外にも、交情の相手としていた女人たちがいたということを物語っている。それがわかれば十分である。それとも、これも一休の女体思慕が生んだ、空想、夢想上の人物だというのだろうか。
　これらの詩に歌われていることが、一休が実践した生《なま》の事実だったか文学的虚構だったかは、今は問わない。少なくとも一休の女色の詩が、淫楽の世界を描いていること自体は否めない。確実に言えることは、実生活はともかく、表現者・詩人としての一休は、間違いなく破戒者だったということである。直弟子たちによる『一休和尚年譜』が、そういう事実に一切ふれていないのは、その実像を正しく伝えていないことになる。それをも否定する禅者がいたら、一休の真似をして、「詩眼有る禅僧、誰か一拶せん、喝！」とでも言ってみたいところだ。それにしても、かような詩が柳田氏が説く「禅文学」の一部をなすとは、私には理解できないところだ。「禅文学」とはいったいなんなのだろう。

この種の詩はほかにもまだあるが、これで足りよう。女色の詩を一瞥したところで、今度は男色の詩も覗いておこう。

三　男色の詩

江戸時代に書かれた『一休関東咄』に、「一休衆道ぐるひ狂いの事」という短い話があるが、実際に一休は女色のほか男色にも淫していたことは、ほぼ確かである。淫色、エロスにかかわる破戒僧としての一休は、「夢裡平生、男色の愁い」と詠いとみずから「女色の多情に勇巴〔男色〕を加う」とも詠っている通り、女色の詩のみならず、少なからぬ男色の詩をも遺していることが、それを物語っている。一休在世当時、表向きは女人禁制で、女犯を戒めていた仏門、禅寺では男色はごく普通に行われていたらしい。禅門で僧に仕える喝食と呼ばれる少年たちがその性愛の対象であったようだが、そういう風潮であってみれば、一休が男色に耽り、それを詠っていたとしても、さして驚くにはあたるまい。五山の詩僧たちの間では、「啓札」と呼ばれる、そういう少年を対象とした恋文のような詩を作ることが流行していたという。横川景三という詩僧は、そういう作品の作者として詩名が高かったとのことである。

正直に言えば、以前『ギリシア詞華集』を全訳した折に、やむなくストラトンの少年愛〔男色〕詩集を訳して辟易した覚えがある私個人としては、できればこのたぐいの詩は避けて通りたいが、そうもいくまい。これも「蕃苴《らっさあ》」すなわち無頼の徒を自称した、破戒僧としての所業が生んだ作品の一部であるから、一休におけるエロスの問題を考える上で、言及は避けられない。私はその方面への関心、経験、学殖をまったく欠いているので、極力余計な講釈抜きで、男色にかかわる詩を三篇ほど読者の眼に供して、一休の破戒の行跡を確かめていただくことにしたい。幸い本書の主要なテーマは、あくまで一休の女色、異性愛であり、森女との愛の詩を眺めわたすことであるから、男色に関することは、まったくの寄り道、ディグレッションである。
まずは「自賛」と題された作を掲げる。

八十窮僧大蕃苴　八十窮僧は大蕃苴《だいらそ》、
婬坊興半尚勇巴　婬坊　興半《なか》ばにして、尚お勇巴。
半醉半醒花前酒　半醉半醒　花前の酒、
臨済徳山何作家　臨済　徳山　何の作家《さっけ》ぞ。

八十の老いぼれ坊主は、とんだ無頼の徒、
女郎屋での遊蕩をしばし止めて男色に耽るんじゃ、
花見の酒でほろよい機嫌、そうなりゃ
臨済和尚も、徳山和尚もなんで禅の師家でなんかあるもんかい。

右の詩にある「勇巴」というのは、「男色」の「色」という漢字を細工した隠語だという。（色という字の「マ」を取って、それを男という字の上に付けると、「勇巴」となる。）それはともかく、八〇歳という当時としては超高齢、頽齢の老僧が、娼楼に入り浸って、なお男色にも耽ったというのは、おそらくは文学的誇張であろう。枯れることを知らぬ、精力絶倫の肉体の持主だったのかもしれないが、事実だとすれば、想像を絶する所業である。スーパーマン、超人である。一休が八〇代に入ってから、森女相手の爛れるような性愛を詠った詩を作っていることからして、ありえないことではないが、どうも信じがたい。もっとも、「残世白髪　猶色に淫す」と詠っているから、老年に入ってからも、色欲は衰えなかったのかもしれない。あるいは、八〇歳を越えてから、王朝時代の頽齢の男女が猛烈なセックスをする場面を描いた箇所のある、『老木に花の』というおそろしく高踏的な小説を書いた、中村真一郎氏の文学的妄想に類するものか。

八〇代での実践はともかく、一休に男色癖があったことは間違いない。水上勉氏はその『一休文芸私抄』で、一休の男色についてこんな風に書いている。引用が少々長くなるが、核心を衝いていると思うので、そのくだりを引用させていただく。

　男と生まれたからには、年頃になれば性欲は生じる。禅僧といえども同根である。去れば、処理については、それぞれの悩みがあり、苦しむ者、溺れる者、いろいろ生き方があって不思議はない。一休はその男色を、思うままに実行した。美少年がおれば、口説いた。美少年に給仕させてどぶろくも飲んだ。少年を愛し、酒も大いに呑み、詩もつくる。そして、そこに自分の風流も求めた。禅僧でありながら、禅を知らぬおろか者が少年と閨を楽しんで、べつにかくしだてをせず、禅をしらぬうつけ者だったと哄笑する。何とも大らかである。男と男が閨を結ぶ。考えようによっては淫靡で匂いめく世界だが、一休には陰湿な感じはない。からりとしている。このあたり、夢閨と自らを号した風流三昧、風狂人の顔があって、どっかと風狂にあぐらをかいている。

そのとおりだと思うので、私としては別段異を唱える必要もない。開けっぴろげな男色誇示は、「豪放奇峭」とでも評するほかはない。先に言ったように、西田正好氏は、「一休の性のエロチシズムには、不思議なくらい汚れというものがない。」と述べているが、確かに、その詩を読んだかぎりでは、この坊さんの奔放不羈、自由奔放な性行動は陰湿ではなく、「不邪淫戒」の戒律など豪快に踏み破って蹴ころがし、「何似生」つまりは「これでどうじゃい」と言われているような気がする。陰でこそこそと淫事に耽るようなまねはしない、覚悟の上での意識的な破戒であるから、陰湿、隠微なところがないのである。こういう和尚にはかなわない。言葉の三頓棒でぶん殴っているのである。なまじ持戒に努めている禅僧なんぞは、「へい、御老師様恐れ入りました」と引っ込むしかなかろう。

ほかにもまだ男色を誇示した詩が何篇かあるが、「黄金の糞土勇巴の穴」、つまりは黄金の糞、稚児の尻の穴といった鶏冠を想像させる作もあり、気色が悪いので、もう二篇引くにとどめておく。「僧髫年の痩を嘆息愛す」と題された二首である。この二首は『一休和尚全集』には載っていないので、石井氏の『大全』からの引用である。訳も借用する。これには寸言を付するだけとしたい。

風流添得痩如梅　風流、添へ得て、痩せたること梅の如し、
白髪残僧吟興哀　白髪の残僧、吟興哀《かな》し。
桃李場中衰色晩　桃李場中衰色の晩《くれ》、
不勝飛燕避風台　飛燕風台に勝《た》へず。

風流に痩せた身体は梅の木のよう、
白髪の老僧の、詩情は哀しい。
桃や李の花の咲くところ、日が暮れる、
趙飛燕は風にたえられないほど身体が軽かった。

一代風流洛冠城　一代の風流は、洛城に冠たり、
清風美誉少年名　清風、美誉、少年の名。
惜哉玉貌無膚臀　惜しい哉、玉貌、膚臀《ふでん》無きこと、
滅却愁人雲雨情　滅却す、愁人の雲雨の情。

一代の風流は、冠として都に名高い、
気高い清らかさは、少年の名の美しい誉れ。
惜しまれるのは、美しい顔だけで肌や尻が見えないこと、
舞に感動する人の欲情をへらしてしまう。

右の二篇の詩で一休が讃え、またその色欲をそそっているのは、当時五山の禅僧たちの愛の対象になっていたという、喝食と呼ばれた、有髪で前髪を垂らして華美な衣装をまとい、白粉をぬっていた美少年であろう。一休の愛欲の情が、精神的なものではなく、むしろ肉体的なものへ向かっていたことは、二首目の後半二句からも明らかである。成人男性が少年を愛の対象とするのが常で、精神的、教育的側面も含んでいたギリシアの少年愛（パイデラスティア）などとは異なり、一休の場合は、文字通り「男色」と呼ぶにふさわしい行為だったと言うべきだろう。これも風狂の一端か。蛇足であるが、一休にはその作と伝わる男根を詠ったこんな狂詩もある。出所はやはり『一休咄』と『一休関東咄』である。大いに品位には欠けるが、これも破戒の奇僧の関心を有りどころ示していよう。

男根
一生忍衆動焦身
八寸推根尚勝人

男根
一生の間表に出ることなく、時として身を焦がす、
八寸の根を押さえつけてもさらに人に勝っている。

入道修業若時事　その道に入ることは若き日の出来事、
須臾老去革頭巾　すぐに老いぼれて皮頭巾（役立たず）。

題男根　　男根に題す
我此貪裸八寸強　私のペニスは八寸にしてたくましい、
夜来抱汝臥空床　一晩中おまえを抱いて独り寝をかこつ。
一生不蝕美人手　生涯一度として美人の手を触れることもなく、
犢鼻褌中日月長　下帯の下に隠れて虚しく時を過ごす。
＊飯塚大展氏訳。訓読とルビは省いた。

こういう狂詩をおもしろいと思うのは、許しもなく勝手に蜀山人の弟子を僭称し、『屁成遺響』とやらのたわけた狂詩・戯文集を出している、現代の狂詩・戯文の徒のひとりよがりであろうか。それとも私が品性高らざる色ボケ爺であるからだろうか。ルネッサンス時代のフランスで流行った即物的な「ブラゾン」（女体ノ解剖学的褒メ詩《うた》）などに比べれば、ひねりが効いていて、滑稽味があるだけしゃれた芸だと、変なところで感心しているのだが。

ほかにも伝一休作の狂詩が何篇かあるが、『一休咄』などに載っているそれらの狂詩が、仮に一休の真作だとすれば、蜀山人先生も顔負けということになる。洒脱風流でも知られる坊さんが、たわむれにかような狂詩を作っていたとしてもおかしくはない。ちなみにこれも真作かどうかは疑わしいが、蘇軾の詩に倣った伝一休作の「図形詩」がある。これまた一休なみの詩才がないとできない作である。

さてここまでの二章は、言ってみればプロオイミオンつまりは序歌、序章であって、次章からようやく本題である「恋法師」一休の貌を窺い、森女を詠った愛の詩の形を眺める試みに入る。なんといっても『狂雲集』を読んでいる人は少ないから、多少は説明や解説めいたことも必要で、素人なりにその手続きを試みたのである。

前置きに当たる部分がいささか長すぎた感があるが、元来がこれ世の閑人のための閑人による無用の書、先を急ぐこともない。そもそもテクノロジーが支配し、情報万能の世となって、世人がこぞってスマホに狂い、日々新たな情報を得ることに狂奔している今日のわが国で、室町時代の一奇僧の書いた奇妙な漢詩に関心をもつ閑人は、暁天の星の如く稀かと思われる。ましてや、世に広く知られも読まれもせぬそんな作品について書かれた本を覗く人は、恒沙の中の一粒ほどだろう。著者に劣らぬさような世の閑人に、しばらく閑話におつき合い願いたい。

第三章　一休の脱皮と飛躍

——恋法師一休の誕生

一休も良寛も老ひてなほ女人の愛知れりそを羨める我や何人

——茂《も》原《はら》才欠《さいかく》

一　恋法師一休の誕生

さてこれまで多くの贅言を費やして、一休の女人への関心、「性格転換」を経た中年以後の、「酒肆婬坊」での女色淫楽の行跡などについて述べてきた。その生涯が、「愛欲愛念胸次を苦しむ」と告白し、「楚台の愁夢、是れ吾が業」（女人との交情がわしの業じゃ）と自認している、愛欲と憤怒に貫かれた風狂不羈の破戒僧のそれであったことは、確認できたかと思う。

だが詩人としての一休は、それで終わってはいない。これから見てゆくように、八八歳という当時としては異例の高齢で示寂した一休は、七七歳にして森女との運命的な出会いを経験した。かくしてその最晩年に、やがて「森侍者《しんじしゃ》」と呼ばれることになる盲目の瞽女《ごぜ》との間に、一〇年間にわたる熱烈な相思相愛を体験することとなったのである。（それが一休の実体験ではなく、完全に文学的虚構であって、森女《しんじょ》なる女人は実在せず、一休が中国の古典を素材にして創り上げた「神女」だと説く柳田聖山氏の所説があることは前にもふれたが、後でもう一度ふれる。）その愛こそは、この破戒僧がそれまでに少なからぬ女人を相手にして味わった女色、女淫とは明らかに質を異にしたもので、爛れるごとき激しい性愛を含みながらも、なお真に「恋愛」と呼ぶに足るものであった。栗田勇氏はその愛を「森女との至高の恋愛」と呼んでいる。それは確かに肉体的な愛でもあったが、同時に純化され精神化された愛でもあり、一休はその愛を漢詩という形に造型し、『狂雲集』にとどめたのである。『狂雲集』の華でありその中核をなすとも見られている、森女との愛を詠った一連の詩がそれである。それらはもはや会下《えげ》の者たちに悟道をうながすための偈というよりも、恋愛詩そのものだと言ってよい。山折哲雄氏は中本環・森秀人氏との対談で、一休と森女との愛について、

　また最晩年には森侍者との交情の生活があって、それがとても自然で、全く無理をしていない、片意地を張っていない、一休という人間の自然の流露があると思うんです。

と語っている。確かに森女との愛の詩には、それまでの女色誇示の詩などに見られる、どこか力んだ姿勢、ことさらに偽悪的なポーズといったものは認められないと感じられる。さらに山折氏は、同じ対談で、

　ぼくはやっぱり森侍者は一休の本当の愛人だったと思いますよ。その事実は認めるんです。

とも述べている。この対談で森氏が洩らしている、

　盲目の森侍者が全的に一休に依存したとき一休ははじめて人間の赤裸な純心を発見したのでしょう。そしてそれこそが禅の本旨であり宗教―仏性の本旨であることが体得できたのでしょう。そのような〈新発見〉は一休を狂喜させたにちがいなくて、そういうふうな女性と生涯の最後になってめぐりあえた、そのよろびの率直な表出だと思いますね。恐らくたくさん今まで愛したというか、交渉した女はあったかもしれないが、やはり本当に愛したのは、たった一人、森侍者だったと思われます。

という見解を読んで、わが意を得た思いであった。

　一休と森女との愛は、夙に唐木順三氏によって『応仁四話』の中での「しん女語りぐさ」として小説化され、加藤周一氏によっても、『狂雲《くるいぐも》森《もりの》春雨《はるさめ》』として小説化されているから、一休になにほどか関心のある人は、知っていよう。いずれも主人公森女の独白体の短編だが、一休に親しみ、『狂雲集』を知悉した作者による人物造型がなされていて、単に虚構として退けるわけにはいかない重みを感じさせる作である。そこでは『狂雲集』を彩る一休頽齢の恋の様相が、想像を交えてみごとに描き出されている。また一休研究者でもある作家岡松和夫氏に『一休伝説』という小説があって、そこには死の床に横たわる一休とその高弟たち、そして森女の姿が、墨斎の眼を通じて、見事に描かれている。また一休に関する並々ならぬ造詣を有する水上勉氏は、伝記小説『一休』で、作家としての豊

かな文学的想像力をもはたらかせた一休像を創り上げたが、作中に森女との愛についての洞察力に富んだ記述があって、共感を誘わずにはおかない。つまりは一休老年の愛の詩《うた》には、現代の文学者を駆り立てて、作品を生み出させる魅力と力があるということだ。

そこで一休老年の恋だが、端的に言って老年の恋は哀しく、しばしば滑稽なものである。それは胸中深く秘めておかねばならない性質のものであって、老人の色恋沙汰は世の人の共感や同情を呼ぶことがない。ましてや老人の性はデリケートな問題である。わが国で老人の性を扱った文学となると、谷崎潤一郎の『鍵』とか『瘋癲老人日記』などがまず思い浮かぶが、どうも淫靡でなんとなく薄暗く、薄汚くていけない。陰湿とまでは言わないが、そこにはどこか暗い翳が漂っていて、明るさを欠いているように思われてならない。赤裸々にして露骨なまでの性愛賛美を含む、一休老年の愛の詩にはそれがなく、一種底抜けの明るさとかがやきがあると思うのは、色ボケ爺の身贔屓であろうか。

男にとって女人の魅力たるや実に恐るべきもので、時として徳高き老いた高僧でさえも恋に狂うことがある。虚実はともかく、『今昔物語』には、文徳天皇の母である染殿の后の薄物をまとった「端正美麗の姿」を眼にして愛欲の念に駆られ、御帳《みちょう》の中に押し入って、后を犯してしまった聖人の話が出てくる。そればかりか死後も愛欲の執念断ちがたく、鬼と化して、天皇の面前で后と房事に及んだと語られている。恐ろしい話である。聖人といえども女人の美しさ、魅力には容易に屈して、「魔道に落つ」るのである。それを完全に断つには、オリゲネスに倣って、肉欲の根源である男根を切除するほかない。女性の例で言えば、『伊勢物語』にある、白髪茫々の高齢の老女が、業平に恋して思いをかなえてもらい褥を共にした話は、人も知るところだ。これはあくまで文学の中での話だが、現実世界でも老人の恋はあり得るし、実際あるだろう。

人間、恋を経験するのは若者ばかりではない。中年者は言うに及ばず、老人も異性に、また同性に惹かれ魅せられて恋をするのだが、それは通常ほとんどが恥ずべきものとして、軽蔑か嘲笑の対象でしかない。「はしたない。いい歳をした色ボケ爺が（あるいは婆が）が、なにごとだ」、「枯れることを知らない薄気味悪い爺だ（婆だ」と呆れられ、嗤われるのが、世の常である。男女を問わず、老人とはもはや性への関心も欲望ももたない枯木の如きものでなければならない。すくなともそう装わねばならないのである。ましてや老年の恋を詩や歌に造型し、世に問うのは、天才にのみ許された特権である。（和泉式部にも、おそらくは六〇代と推測される晩年に、年若い男性に向けたと思われる恋の歌がある。平安時代の六〇代であるから、今で言えば八〇代老女の歌ということになる。）老人が恋を詠うことを許されるのは、若き日の回想か、『新古今集』に恋の歌をとどめている天台座主慈円が、純然たる題詠として恋歌を詠んだり、西行法師が若き日の恋を回想して、

知らざりき雲井のよそに見し月の影を袂《たもと》に宿すべしとは

弓張の月にはづれて見し影のやさしかりしはいつか忘れん

面影の忘らるまじき別《わかれ》かな名残を人の月にとどめて

といった恋の秀歌を詠んでいるような場合である。一休はその例外であって、良寛の恋の歌と同様に、その愛の詩篇は、老年者の恋の文学として独自の位置を占めている。それゆえにこそ加藤周一、唐木順三、水上勉といった文学者たちの関心を惹き、すぐれた作品を生ましめているのである。その素材となった一休の愛の詩《うた》自体も、もっと知られ、読まれ、論じられてもよいのではなかろうか。惜しいかな、漢詩という文学形式に拠っているために、世人に知られることがあまりにも少ないのである。

老年の恋だが、ゲーテが七〇歳を越えてから一八歳の少女に恋したことが醜聞とされないのも、彼が天才で、世に許された大詩人だからである。また良寛が最晩年に、和歌を通じて貞信尼という年若く美しい女性と純粋な恋をし、それが美しい話としてわれわれにほのぼのとした共感をよぶのも、その高雅な人格、和顔愛語の温淳な人柄が知られているからにほかならない。

同じく詩人ではあっても、一休は品行方正にして偉大な人格者ゲーテとも、出家以来およそ女色淫楽とは無縁だった清浄無垢な良寛とも、大きく異なった存在であった。後半生はまごうかたなき破戒僧として、娼家などでの女色に耽ったが、七八歳という当時としては超高齢になってはじめて女人との真の愛を体験し、その中から色淫の体験が生んだ「艶詩」を超えた、純度の高い一連の愛の歌を創ったのであった。それまでの女色淫楽を告白誇示する詩から抜け出したのである。水上勉氏の言葉を借りれば、「森侍者」という固有名を得て、一休は述志の人から「恋の人に変わる」のである。つまりはその愛によって、「生涯雲雨《うんう》の一閑僧」が脱皮し、より高い詩境に達したのだと言ってよい。そんな己の姿を、一休は「恋法師」と呼んでいる。「恋法師一休自賛」では、自らを詠じて、

生涯雲雨不勝愁　生涯　雲雨　愁いに勝《た》えず、
散乱紅糸纏脚頭　散乱の紅糸《こうし》脚頭に纏《まと》う。

わしは生涯情交ばかり重ねてきて愁いに耐えないことじゃ、
散乱する煩悩の紅い糸が足もとにまつわりついておるわ。

と嘆じて、色愛に耽った自分の来し方を振り返っているが、この破戒僧が、本当に「恋」と呼べるものを知ったのは森女を得てからのことである。彼女との邂逅により、「恋法師」一休が誕生したのであった。枯淡をよしとし、枯れた老人による「わびさびの文学」が高く評価されるこの国にあってはまったく例外的な、信じがたいほど心身とも強壮な人間が生んだ老年者の濃厚な愛の文学が書かれたのであった。

「恋法師」の生んだ森女との愛の歌を、文学者、詩人としての一休を高く評価している加藤周一氏は「恋愛の極致の表現」として讃えている。また栗田勇氏は、森女との愛を「奇跡的な恋愛」と呼んで、それを詠った詩群を、「空前絶後の作品であり、『狂雲集』の

狂雲の台風の目そのもの」と評して、

一休の人生と禅とが一つに溶けて、森女を詠った作品は、金剛石《こんごうせき》の如き、深い輝きを放っている。

と絶賛してやまない。森女を架空の存在の「神女」だと主張する柳田聖山氏は、

生涯の詩魂に答えて、最後に降臨するのが森女であり、**『狂雲集』の圧巻が、そんな森女を主人公とする晩年の色歌であることは、言うまでもない。**（太字―引用者）

と述べている。一読者としての私自身の印象を言えば、加藤、栗田両氏の評価は、いささか大仰で過褒だと思われる。とはいえ、漢詩という文学形式による、それも日本人による愛の表出、表現としては、他に類を見ない独自な言語作品として、それなりの美しさを秘めたものと思うのである。「空前絶後の作品」と絶賛するほどの作ではないが、愛の詩《うた》としての魅力は欠けていない。それは知的、人工的な構成物で、学殖と詩技の巧みさは感じさせても、詩的感動をまったくと言ってよいほど呼ぶことのない、五山の詩僧の詩などとは違って、作者の熱い血が通っている。絶賛しないまでも、中世の一宗教者、一代の奇僧の生んだ稀有な文学作品として、一瞥以上には値しよう。少なくとも『狂雲集』の中の華、その真骨頂であることは間違いない。わが国の恋の文学というと、誰しも『源氏物

語』をはじめ平安女流文学を思い浮かべるだろうが、中世文学は枯淡な隠者文学ばかりではなく、なんとも言えないかがやきと明るさに満ちた、恋の詩をも生み出していることを忘れてはなるまい。しかもそれが禅坊主の作なのである。

次節では、一休をそのような恋へと駆り立てた森女という女性について、その輪郭を素描し、七八歳から始まった、和尚老年の恋の次第を窺い見ることにしたい。

二　森女という女人・実在の人物か虚構の「神女」か？

中年以後「酒肆婬坊」に遊んで女色を経験したほか、妻らしき女性を含め何人かの女性との交情があったと想像される八〇歳に近い老和尚を夢中にさせ、死に至るまで実に一〇年もの間、恋の歓喜を味わわせた森女とは、そもそもどんな人物だったのだろうか。一休がその最晩年に自分の手許に「侍者」として迎え入れ鍾愛したこの女人に関しては、わからぬことだらけである。結局一休自身の作から、その人となりなどを想像するしかない。

森女以外にも、一休の身辺には何人もの女人の影が見え隠れしていることは先にちょっとふれたとおりである。実子紹偵察の母かと推測されている妻らしき女性のほかにも、「美人」、「侍妾」などと言われている女人たちがおり、さらには明らかに一休の愛の対象である「御阿姑上郎」なる女人もいて、前章で見たとおり、一休は彼女との交情やその裸身を詠っている。『狂雲詩集』に、「妾有り余に従いて年久し」という序がある女人がそれであろうか。それとも、柳田聖山氏が説いているように、これも「夢閨」こと、女人、女体思慕を抱く一休の生み出した架空の存在だというのか。ほかに「紹固喝食」と呼ばれていた少女もいたが、これは一休にとって眼に入れても痛くないほど可愛い、孫娘のような存在だったようである。（一休の娘だとする説もある。）その中で一休にとって格別に重要な存在で、八〇歳に近い老年に達したこの風狂老人に、真に愛のよろこびをもたらし、『狂雲集』中の華とも言える詩的純度の高い一連の詩を生ましめたのが、森女（一休に随伴してからは「森侍者」と呼ばれた）なる女人であった。

彼女に関しては、先学たちがさまざまな説を唱えていて、どれが真実か、正直言って見当がつきかねる。彼女については詳しい記録はないので、その出自や育ちに関しても確実で具体的なことは何ひとつ知られておらず、わかっているのは盲目だったこと、一休と住吉大社で初めて邂逅した折に、三〇歳ぐらいであったろうということぐらいである。実は一休和尚一三回忌帳、三三回帳面に「森侍者」という人物（女性）の名前が記されており、それが彼女に関する唯一の記録らしいのである。「森侍者」が、一三回忌には五百文、三三回忌には小袖を売って工面した、百文の供養料を納めたと記されているのが、それだという。『年譜』にこの女人がまったく言及されていないのは不思議だというほかないが、が、弟子たちとしては、畏敬する師が、頽齢になってから、一〇年間にもわたって盲目の美女を熱愛したとは記すに忍びなかったのであろう。岡松和夫氏は『一休伝説』で、そのような見解を示している。

本音を言うと、私はそういう身元調査や考証だのなんだのには、あまり興味がない。重要なことは、一休を「恋法師」となし、詩的純度が高い何篇かの愛の詩を生ましめた森女なる女人が、詩の中でいかに詠われているかということである。漢詩という形で表現された詩的現実が問題であって、実在の女人としての実像はさほどの意味はもたないからだ。

さてその森女だが、その実像がわかっていないので、推測を交えた諸説がある。彼女に関しては、大別すると、これを実在の女性と見る説と、虚構の人物だとする説とがある。虚構説は大方禅門の側から出ており、平野氏は「一休の恋愛や淫房酒肆に関する詩の多くは、フィクションである可能性が高い。」と見ており、西村恵信氏は「森女の存在もフィクショナルに見える。」と述べ、武田鏡村氏は、「一休が森女と愛欲奔放な生活に耽溺していたとは思えないのである。」と言っているが、いずれも主観的な印象にすぎず、虚構説の根拠は薄いと言わねばならない。

虚構説で軽々に反駁しがたいのは、柳田氏が唱える、森女の愛の詩を、一休が中国の古典を下敷きないしはモデルにして創り上げた、文学的虚構だとする、「森女物語」説である。柳田氏は「一休と森女との愛の詩は作りものの性質が強い」と断言し、森女との出会いからして、「それが**空想であることを見落としてはいけない**のです。」（太字—引用者）とも述べている。『狂雲集』で詠われている二人の愛は事実ではなく、そういう見方は漢詩の約束事に関する無知に起因するもので、「一休の使っている語句をそのまま生《なま》の事実にとっている」誤読から生まれるのだというのである。（確かに一休は「倭国、比喩を以て実となす」と言っており、わが国人が比喩をそのまま事実と受け取りやすいことを指摘してはいるが、これは彼の偈や詩に比喩的表現が多く、それが時に誤解を招くことを言っているのだと思われる。それは、森女にまつわる詩ないしは『狂雲集』全体の虚構性を示唆するものではないと私は考える。）してまた、「森侍者」という人物の存在が事実だとしても、それは一休が詠った盲目の美女とは関係がない、あるいは同一人物ではないかもしれないとも言っている。氏は「森侍者」なる人物が存在したことは認めるものの、それが一休の詠った「森女」と同一の人物か否か、それを示す資料がないというのである。

しかしこの場合でも森侍者なる人を、ただちに盲目の美人森女と同一視してよいかどうか、そんな資料はどこにもありませんし、森侍者が男性であったか女性であったかも、問題になるわけです。（『一休「狂雲集」の世界』）

こう言われてしまうと、市川白弦、加藤周一氏をはじめ、『狂雲集』という作品のうちに作者一休の生涯の反映を読み取り、氏以前に森女相手の一休老年の恋にふれたりそれを論じたりした人々は、すべて『狂雲集』が正しく読めていなかったことになる。柳田氏以外の人々はみな一休に幻惑され、ありもせぬ「森女」との愛を信じて、それを「奇跡的な恋愛」と呼んだり、それを詠った詩を「愛の極致の表現」だのと讃えていたというわけだ。柳田氏は一休と「森侍者」との恋の始まりを告げている詩と見られている、住吉薬師堂での二人の出逢いを詠った詩二篇を読み解くにあたって、こんなことを言っている。

いろんな人がいろんな解釈をしているわけですが、私の考えでは、その人たちはどうも、**『狂雲集』を読まずにやっていらっしゃるように見受けられる。**（太字―引用者）

はっきりそうとは書かれていないが、本当は**『狂雲集』が読めずに**、と言いたいのではないかと思われる。氏によれば、森女の実在を信じるような人たちは、和尚の幻術にはまって、彼が創作した「夢物語」を、実人生の体験の反映と見る過ちを犯しているということである。要は、みんながそれと気づかずに和尚の掌で踊らされていたという、滑稽なことになってしまう。してやったりと、老和尚は六道地獄でにんまりとほくそえむということか。そうなると、森秀人氏の、

一休と特に森侍者との交渉をめぐる詩などは、きわめて即時的であり自己表出的であると思われます。

という見方も、『狂雲集』を正しく読みそこなった人の、そそっかしい誤解だと言われかねないだろう。ついでに資料云々について言えば、「森侍者」という女人（あるいは男性）が「森女」とは別の人物だったという資料もまた、どこにもないのでないのである。それに「森侍者」なる人物が仮に男性だったとすれば、『年譜』に一言も言及がないのは変で

はないだろうか。やはり一休を聖僧化する上で都合の悪い存在だったので、意図的に無視したと考えられる。さもないと、一休の晩年の詩に頻出するこの人物が、その生涯を記した『年譜』にまったく姿を見せていないのは、不可解ということになる。

事実は果たして柳田氏の言われるとおりなのであろうか。氏の所説は、『狂雲集』全体を「近代私小説の元祖」の如く見なし、これを「自分の五感に訴えてくる事実を**夢物語に託してうたっている**。（太字―引用者）」のだとの見解に立ち、一休を新たな「禅文学」の創始者だとする、独自の一休文学論の提示である。氏の所説は、前記の『一休「狂雲集」の世界』で具体的に詳しく展開されているから、興味のある方は、それに就かれるとよい。（氏の所説については、後に「付論・贅言」でもう一度ふれる予定である。）

禅は無論のこと、中国古典詩に精通している氏の立論は実に用意周到であって、私ごとき浅学の者には容易には反論しがたい。だが私はやはり一休老年の恋はあったものと思う。そんなふうに思うのは、中国古典詩の伝統を知らず、とりわけ「たをやめぶり」を特質とする『三体詩』に深く通じていないからだと氏は言われるであろう。そういう輩が、『狂雲集』を一休の生涯を映した鏡のように見る、素朴な見方をするのだと、氏に嗤われるかもしれない。

それを承知で言えば、私は森女との愛は事実あったし、なによりもその愛の詩そのものがそれを物語っていると信じるのである。柳田氏が「どこにもない」言われる証拠、資料は確かに存在する。一休自身が書いた愛の詩が、まさにそれだと思うのである。言うまでもなく詩は生の現実そのものではなく、実録、記録ではない。愛の詩や歌にしても、作品として造形するからには、素材となるものを詩的に装飾し、文学化する作用がはたらくのは当然である。そこには創作的要素も虚構の部分も加わるだろう。だが私としては、柳田氏が主張するような、森女とは一休の夢想が生み出した「神女」であって森女との愛は誤読が生んだ夢想、幻想の女だとは信じがたい。氏は、森女との愛は一休の実体験ではなく、中国にあった伝説「三生石物語《さんしょうせき》」をモデルとして作り上げた、架空の夢物語だと説いている。それに際して一休は自家薬籠中のものとしていた、「たをやめぶり」を特徴とする中国古典詩（三体詩）のなど詩句を、巧みに利用し組み合わせて、生来の女人女体思慕を、「森女物語」として仕立て上げたのだというのだが、この説には納得できない。

素朴そのものの見方かもしれないが、森女との愛を詠った詩には、頽齢にして初めて真の愛を知った作者の、歓喜が噴出していると感じられるからだ。そんなものは素人の直感にすぎないと言われれば、それまでの話である。しかしそこには、単なる夢想、絵空事とは受け取れないリアリティーが確かにある。作者一休が息づいていて、その鼓動が伝わってくる。詩的、文学的誇張などが加わっているにせよ、感情の真実性からして、作者の実体験が、稀有の愛の詩が生まれた根底にあると思うのである。後に見る「森美人の午睡を看《み》る」、「森公午睡」、「森公輿《こし》に乗る」といった詩篇は、リアリティーをつよく感じさせずはおかないもので、単なる夢想、空想の産物と見ることはできない。要は詩作品をどう読むかの問題である。

ついでにそう思う理由を、漢詩に疎い一素人として敢えて言わせてもらえば、全体として中国の古典詩は「言志」つまりは「志を言う」ものであって、まったくの絵空事、虚構を詠うことは稀である。詩人はほとんど常に現実から素材を得ており、その詩想に従って、現実の一部を切り取ったり加工したりしてして作品を創り上げるのが普通ではなかったろうか。確かに『三体詩』などに多く見られる「宮女失寵」の詩などは現実性が薄いことは否めない。だがそれらの詩にしても、詩人のまったくの空想、夢想から生まれたというよりは、なんらかの歴史的事実を背景にもっているのではないだろうか。

中国古典詩のもつ現実性は、虚構性の強いヨーロッパの詩などに照らし合わせてみても、その著しい特質ではないとかと思う。一休が深く私淑していたという、現実に深く根差した杜甫の詩がその好例である。一休が好んだ蘇軾や黄庭堅の詩にしても同じである。鬼才李賀の生んだ幻想的な詩などは、むしろ例外ではなかろうか。一休が中国古典詩の精神を把握し、詩作の態度を学んでいたならば、それが森女との愛を詠った詩に、反映していないとは、私には思われない。一休が現実には基づかないまったくの空想、夢物語として「森女物語」を創り上げたのだとすれば、一休は杜甫からいったい何を学んだのであろうか。それに、「森女物語」誕生に大きく作用していたと氏が説く『三体詩』にしても、柳田氏が強調されるほど、「たをやめぶり」の艶なる詩ばかりが並んでいるわけではない。念のため、『三体詩』の全詩を通覧してみたが、やはりそうであった。まあ、これは漢詩の素養浅き侏儒の妄言、たわごとにすぎないが。

三　実在説・瞽女《ごぜ》か、やんごとなき皇孫か

次いで森女実在説についてざっと見ておくが、これは要点だけにとどめる。

森女関する最も一般的な説は、盲目の森女を旅に生きる遊芸人、瞽女《ごぜ》だったとする見方である。（水上勉氏は、この女人は「おしん」という名前だったのではないかと想像しているが、大いにありうることだと思う。）いずれも小説だが、唐木順三、加藤周一、岡松和夫氏らは、そういう女性として彼女をとらえ、また描いている。先述の如く、水上勉氏は伝記小説『一休』で、五〇歳近く年の離れたこの女人が、一休にもたらした愛のよろこびと恍惚とを、魅力ある生き生きした筆致で描いており、創作ではあるが、一休の内面にまでよく迫っているとの感がある。これらはいずれも文学的想像力の加わった森女像と言うべきか。加藤氏、唐木氏らの森女像は、一休和尚の術中にはまり、『狂雲集』を正しく読めなかったがために生まれた幻だとは、私には信じられない。いずれも一休を深く読みこんで、それを正確にとらえている文学眼、詩眼の持主だと私には見えるからである。また森秀人氏は先にちょっとふれた山折哲雄氏らとの対談で、森女について、

やはり一休の愛した森侍者というのは、これは歌を歌ったと書いてありますから、江口の君とか、一種流浪する傀儡師の流れの百太夫とか、ああいう感じの、芸能した

り、あるきは春をひさぐようなそういう感じの女だったと思うんですね、

と言っている。中川徳之助氏も同様な見解で、

> 森女はおそらく瞽女として大衆の前で鼓を打ちつつ艶歌を歌い、その日その日の生命を繋ぐ、寄るべの無い孤独な女、道行く人からも蔑視され、社会からも断絶されて、自分ひとりの空間に生きる女であったのであろう。（中川、前掲書）

と遠慮がちに述べている。

　これに対して栗田氏は、森女は住吉薬師堂に仕える巫女だったと見ており、蔭木英雄氏は、森女を詠った詩に「玉階新月の姿」、「上苑美人の森」などと言う語があることから、森女は高貴な女性で、出自の高い尼僧ではなかったと推測している。しかしこれだと、一休が彼女と輿に乗って春遊した際の詩の一句「遮莫《さもあらばあれ》　衆生の軽賤するを」、つまりは「世の人々が軽蔑するなら、それでもよい」と言っているのにそぐわないだろう。一緒に輿に乗っているのが、卑賤な身分の瞽女ふぜいだから人々に軽蔑されるのであって、高貴な尼僧と一緒ならば、さような蔑視はされないはずだからだ。森女が高貴な出自の女人だと言うならば、そのあたりの説明が欲しいところである。自分が愛する女性を、現実以上の美しい言葉や表現で飾り讃えるのは、古来東西の愛の詩の常套手段、技法ではなかったか。「玉階」、「上苑」という言葉が用いられているからといって、直ちに高貴な女人と

推測するのは、論理の飛躍があるように思われる。

森女の出自について、最も詳細に考察し、その実像に迫ろうとしたのが、一休ゆかりの寺真珠庵住職を務めた山田宗敏師である。詳細はその著『大徳寺と一休』をご覧いただきたいが、仮説としてではあるが、なんと森女皇女説である。同師は一休が弟子の玉垣居士こと祖心超越に与えた、自分と森侍者を描いた画像（これは何年か前に五島美術館での「一休展」で実物を見たことがある）に添えて、「**森上郎**（太字―引用者）の御歌」として、

おもいねの、うきねのとこにうきしずむ　なみだならでは　なぐさみもなし

とあるのを根拠に、「森が三位以上の出生であることが分かる」と結論づけ、また森女の歌に「御詠」としるされているから「宗門の侍者職ではあるが、一休の単なる仕え人でないことを窺う」と述べ、「森は名字の如き森御殿を意味する。」と主張している。

（それなら先に見た女色の詩にも、一休の愛の対象であったと見られる「御阿姑上郎」なる女人が出てきたが、彼女も「三位以上の出生」の身分ある女性だというのだろうか。それに関する説明はない。「上郎」または「上臈」とは身分ある宮廷出仕の女性のことだが、時には上流階級に出入する遊君、あそび女を指して言うこともあったらしい。「御詠」というのも、一休の侍者を務めていた女性への敬意をこめて「お詠みになった歌」ぐらいの意味ではないかと、一素人には思われる。）要するに山田師の結論は、森侍者とは皇女であり、亀山天皇の第九皇女、後醍醐天皇の猶子で聖護院宮准三宮尊珍法親王の娘で

はないか、というのである。

森女とは盲目の遊芸人、鼓を打って歌をうたい日々の命をつないでいた卑賤な身分の瞽女どころか、なんとやんごとなき皇女だというのだから、仰天させられる。すると一休老年の爛れるような激しい性愛は、畏れ多くも皇胤すなわち後小松天皇皇子にまします一休宗純王殿下と、後醍醐天皇の皇孫にまします森女王殿下との間に生じたことになる。宗純殿下と森女王殿下とが、性器への接吻を含む爛れるような性愛に耽り、皇子殿下がその歓喜を愛の詩として詠ったというわけである。人間であるかぎり、また男と女であるかぎり、ありえないことではないが、どうも想像がつきかねる。

先に言ったように、私には、一休が熱愛した森女に関する、身辺調査的な詮索や考証には興味はないから、これ以上言及はしない。だが山田師が主張するように森女が瞽女などではなく、やんごとなき皇女だったとするなら、なぜ彼女が住吉大社で「艶歌」を歌って暮らすような日々を送っていたのか、それが不思議でならない。仮に住吉大社に仕える巫女だったとしても変である。乱世だったにもせよ、盲目の皇女が落ちぶれて、遊芸人の境遇にまで身を落とすというようなことがあり得たのだろうか。それとも彼女は皇女として、「森御殿（聖護院）」に住んでいたというのか。いずれにしても、画像とそこにある添え書きだけでを根拠に、森女皇女説を打ち出すのは、根拠薄弱だと思うが、どうであろうか。同師は森女について、稀代の傑物一休が一人の盲女に没入していった鍵を解く鍵は、森という女性もまただならぬ逸物であったということであり、寒月の照らす玉階に新月のような女性が浮かび上がってくるという一休の文学的表現の憎らしさを読むことができる。

それは下賤の人には言えない高貴な影を謳《うた》ったものである。楊貴妃や王昭君に比するほどの美人で麗しきわが娘とも思えるほどの若き女性である。そこには一休にふさわしい教養と気品高く凛たる麗しさをみるのである。

と言っているが、一休ほどの大和尚が惚れ込むのだから、相手も傑物であり、気品教養ともに高い女性だと説くのは、思い込みであり、贔屓の引き倒しではなかろうか。むしろほとんど賤民に近い下層の出の遊芸人であった盲女に、真の愛を見出し慈しんだとするのが、地を這うように生き、衆生救済に努めた野僧によりふさわしい慈悲心の発露、人間的なおこないではないのか。仮に彼女の出自がさほど卑しくはなかったとしても、一休と出逢った折には、人々に神社で「艶歌」を歌い聞かせて、日々命の糧を得る生活をしていたと考えられるのである。画に添えられた森女の素直で素朴な歌にしても、当時彼女が歌っていたという「艶歌」（それがどんな歌だったのは具体的にはわからないが）に日ごろ親しみ、また和歌を詠む人が周辺にいれば、それに倣って詠める程度のもののように思われる。あるいは彼女の歌には、一休の手が加わっているかもしれない。

一休頽齢の爛れるごとき激しい愛が、やんごとなき皇胤殿下と女王殿下との恋であり愛であったとする見解は、これも地を這うようにして生きている下々の俗人である、この私にはなんとしても受け入れがたいものがある。一休崇拝者の弟子たち手になる『年譜』がまさにそうだが、禅門の側には、なんとしても一休を悟達した聖僧、清浄な高僧に仕立てあげねばならぬという気風がありはしないだろうか。八〇代の禅匠である高僧が、遊芸人であった盲目の美女を庵に迎え入れて熱愛し、性器接吻をテーマとするような性愛詩を作っていたとなると、これは禅門としては大問題だろう。

いずれにしても、確証がなく、所詮は推測の域を出ない森女の「実像」について述べるのは、これで終りとし、つづいては本書の眼目である一休の愛の歌を眺め渡し、そこで詠われている愛の形を窺うこととしよう。周り道を重ねて、ここでようやく本題に到達するところまできた。

四　邂逅・「老狂薄倖」の和尚、美しき盲女を発見す

文明二年（一四七〇年）の初冬のこと、応仁の乱のさなか戦禍を避けて堺の町にいた七八歳の一休は、住吉の薬師堂つまり住吉大社へやってきて、そこである女人との運命的な出逢いを果した。それが、それまでに諸方でさんざんに狂風を吹き起こしつつ、「酒肆婬坊」を含む京の都の巷や畿内を動き廻っていた、一休の最晩年を彩る恋の対象となった森女である。一休はその出逢いを、みずからこんなふうに語っている。

住吉薬師堂幷《なら》びに叙
文明二年、仲冬の十四日、薬師堂に遊びて、盲女の艶歌を聴く。
因《よ》って偈を作り之を記す。

優遊且喜薬師堂
毒気便々是我腸
愧慚不管雪霜鬢
吟尽厳寒愁点長

優遊　且喜《しゃき》す薬師堂
毒気便々《べんべん》たるは　是れ我が腸。
愧慚《きざん》す　雪霜《せっそう》の鬢に管せず、
吟尽き　厳寒　愁点《しゅうてん》長きことを。

文明二年仲冬の十四日、薬師堂へぶらりと出かけて盲女が
艶っぽい歌をうたっているのを聴いた。
それで偈を作ってこれを書き記した。

ゆったりと散歩していると、うれしいことに薬師堂があった、
歌を聴くわしの腹は淫らな毒気でいっぱいじゃった。
恥ずかしいことじゃ、もう鬢の毛も真っ白な老人なのにもかかわらず、
盲女が歌い終わっても、厳寒の中長い夜、女を思う気持ちが続いたことじゃ。

蔭木氏は第四句を、「詩を吟《うた》い尽して、寒い夜長に秋情を抱くおのれの態《ざま》じゃ」という
解しており、「一休は盲女の歌を全面的に肯定し、楽しんでいるのではない」とも述べて

いる。これは私などの受け取り方とは異なるが、一休の胸中に、頽齢白髪の身で森女の歌にすっかり陶酔し、心奪われたことを愧じる気持ちがあったことは、読み取れる。中川氏は蔭木氏と同じく、「吟尽き」を一休の行為と解して、、「この厳寒の中で心の内を吟詠する、愛心の疼く仲冬厳寒の疼く仲秋厳寒の長夜である。」という意味に解釈している。それぞれ一理ある受け取り方で、一休詩の難しさ、不透明性を示すものだと言える。

想像するに一休は、「わしももう年じゃ、この齢になってまだ胸中に淫らな気持ちを抱き、あんな盲女の歌や容姿に心奪われ、その姿が忘れられぬとは、われながら恥ずかしいことじゃわい」とでもつぶやいたかもしれない。にもかかわらず、一休はなぜかこの女人に強く惹かれたのである。頽齢の恋の始まりであった。右の詩は正直にそれを物語っている。

もっともそう解するのは、漢文学の伝統を知らず、『狂雲集』を正しく読めていない者の滑稽な誤りであって、実は出会いの場所の設定も、道具立ても、すべて漢文学の伝統の中での約束事であって、二人は前世からの因縁によって、必ず出会わなければならなかったという伏線が隠されているのだと説くのが、柳田氏である。森女との愛は一休の全くの空想、文学的虚構そのものであると主張する柳田氏によれば、この序も詩もまったくの嘘であり、一休作の「森女物語」という夢物語の冒頭部だということになる。一休と森女との運命的な出逢いも、中国の『三生石物語』という同性愛の物語を、森女と己との関係に重ね合わせて設定したフィクションなのだという。右に見た詩だが、それは、一休の第一首は、中国文学の故事や約束を踏まえて、新しい私小説を試みたものといえそうです。

ということらしい。仮にそのとおりだとすると、以下私が筆を弄して、『狂雲集』の詩に基づいて、一休と森女との愛の様相を窺ったり、詩におけるその表出について云々するのは、なんとも馬鹿げたおめでたい話だということになってしまうわけだが、それも一興。怪僧一休和尚の幻術にはまって、その掌で踊ってみるのも悪くない。「愚か者がわしの術中にはまって、わしが創り上げたありもせぬ夢物語を、現実のできごとと思い込んで、滑稽にも筆を弄しおるわい」と、老和尚は六道地獄でほくそ笑むということか。悲しいかな、漢詩の学浅く、その伝統や約束事に関する知識を欠く私は、多くの先学たちと同じく、一休と森女との愛は実際にあったものと単純素朴に信じて筆を進めるしかないのである。

ちなみに、偶々今私の手許に、R.Kellerという人による右の詩のドイツ語訳があるので、それを覗いてみると、まったくの直訳である。ドイツ人がこれを読んでも、おそらく何もわかるまい。現代日本語訳でもわからない作品が多いのが『狂雲集』である。わからないから、なんとなく禅的で有難く思えるのかもしれないが。ドイツ語訳は、

Eine müssige Reise führte mich zu meinem Glück zur "Halle des heilenden Buddha"
Dann giftige Dämpfe blähten meine Gedärme

Ich schäme mich nicht meine Schäfen,weiss wie Schnee
Ist der Gesang zu Ende,beissende Kälte, lange Herbststunden
（暇に任せた旅路が、運よくわしを「癒しの仏陀の堂」へと導いた
するると毒気がわしの腸を膨らませた
わしは雪のように真っ白なこめかみを恥じてはいない
歌は終わった、肌を刺すような寒さだ、長い秋の時間）

となっている。三句目の訳は意味が逆になっていて、誤訳である。反対側の頁には、gifgtige Dämpfe「毒気」とは、情欲、憎悪、憤怒、無知などを生じさせるもので、一休は実際に、多分それからの癒しを求めて「癒しの仏陀の堂（薬師堂）を訪れたのだろう」などと、頓珍漢なことが書いてある。これを見ると、言葉を補わねばならぬ漢詩の翻訳とは、実にむずかしいものだと痛感せられる。『狂雲集』ともなれば、その翻訳は絶望的なまでに困難である。しかし座興に引いたドイツ語訳はこの際どうでもいい。大事なのは二人の出逢いである。

まったくの偶然だったが、これが一休にとっては、結果としてその文学に決定的と言えるほど大きな影響力を与える出逢いとなったのである。一休は若い時から芸能に関心や造詣が深く、みずから尺八の演奏もしたし、能などにも詳しくその大の愛好家でもあった。謡曲『江口』は一休の作ではないかとされるほどである。志操堅固で座禅に明け暮れる堅

物の僧侶にはほど遠く、洒脱な粋人でもあり、花柳界にも足を運んでいたであろうから歌舞音曲にも通じ、『閑吟集』などにある当時の流行《はや》り歌なども心得ていたかと思われる。そういう一休であってみれば、薬師寺の拝殿の舞台で、あるいは境内のどこかに莚でも敷いて、盲目の美女が鼓を打ちつつうたう艶歌（どんな歌かはわからないが、色恋にまつわる艶ぽい歌だろう）に心を奪われて喜んで耳傾け、一心に聞き入ったことは想像に難くない。女人の美しさには人一倍敏感で、多情な老和尚の心をとらえ好色心をくすぐったのは、その歌ばかりではなく、三〇歳前後の女ざかりの美しい容姿やその声音《こわね》であったと思われる。一休が森女の歌に深く心を動かされたことは、右の詩からも切々と伝わってくる。その感動、感激から右の一篇が生まれたのである。そこには、白髪の老人が若い女に恋心を抱いたことを愧じながらも、なお詩に詠わずにはいられない詩人一休の姿が見て取れる。歌が終わって後も、終夜その面影が脳裏を離れず、彼女を思い続けたというのだから、フランス語で言う「雷の一撃」（クー・ド・フゥドル）だったに相違ない。この日から盲女は、みずからを「老狂薄倖」と称する一休の生ける観音菩薩、弥勒菩薩の化身となったのであった。

実はこの二人の出逢いはこれが最初ではなく、それより一年ほど前に、森女は当時薪村にいた一休を訪ねている。艶福家とでもいうのか、一休を訪ねる女人は結構いたらしく、それよりしばらく前に一休は尼僧二人の訪問を受け、二人は一泊している。その夜三人はずいぶん艶っぽい話をしたらしく、その折一休は、昔中国の円悟大師が、自分を訪ねてき

た老嬢に与えたという、

而今老矣全無用　　而今老いたり、全く無用、
君底寛兮我底柔　　君のものは寛《ひろ》く、我のものは柔らかなり

「今は年を取ってまったく役に立たんわい、君のあれはゆるんでしまい、わしのあれはふにゃふにゃじゃ」という二句で終る偈を二人に示して、それにちなんだ詩を作っている。一休が尼僧たちの求愛をやんわりと断ったと見られないこともないが、これは考えすぎかもしれない。またこれも異例のことだと思われるが、一休は大燈国師の宿忌にも美人を従えて参列しているし、近侍の御阿姑上郎、「美妾」と言われている人物をはじめ、その周辺には常に女人の影が見え隠れしているのである。その点で、晩年に貞信尼との恋を知るまで、女人女色とはまったく無縁だった良寛和尚とは大違いである。真珠庵に伝わるという、和尚の「女が好きなのがわしの癖なのじゃ」という言葉は、いみじくもその本性を裏書きしていると言えそうである。一休の没後その一三回忌がおこなわれた際に、供養料を寄せた女人たちが、男性の一・五倍も多かったということは、この破戒僧がいかに広く女人たちと接していたかを窺わせるものだ。皇胤であるらしいとはいえ、およそ光源氏とは似てもつかぬ、百姓親爺然たる風貌の持主ではあったが、どこか女人を惹きつける魅力があったらしく、とにかく女人に大人気の坊さんだったことは確かである。

　この後で見る一文で一休自身が書いているところによれば、森女は、彼が皇胤で、徳高

い御坊様だと聞いて、ひそかに慕情を抱いていたというのである。一休が皇胤で貴種であるとか、女人好きで色町などにも好んで出没しているとか、下層の民をも接化しているとかいう、巷の噂を聞き及んでいたのかもしれない。彼女がわざわざ薪村の庵を訪ねた折に、二人は当然何ほどか言葉も交わしたであろうし、彼女は敬慕の念をもらしたのであろう。「御老師様、賤しい身ではございますが、お慕い申しております。」ぐらいのことは言ったかもしれない。仮に八〇に近い一休の肉体が老いさらばえ老醜をさらしていたとしても、盲女にはそれが見えなかったはずである。だがその折は何事もなくそれで終わり、その後は逢うこともなく時が過ぎていた。それが一年後に、偶然住吉神社で再び出逢ったのである。まさに劇的な再会であった。一休の驚きと感動は大きかったであろうし、森女もまたそれに劣らず感激し、感涙にむせんだことであろう。「おお、そなたはあの時の」、「和尚様、おなつかしゅうございます」というような会話があったかもしれぬ。ここから七八歳の老和尚の最晩年を彩る頽齢の熱烈な恋がはじまり、それまでの女色淫楽の詩とは質を異にする美しい愛の詩、愛の讃歌が生まれることとなったのである。二人の出逢いについて、水上勉氏は『一休』の中で、

　出家一休のごく自然な慈悲にみちた眼ざしを想像して、私はこの住吉の森女と一休の出会いを、日本禅宗史の中でもっとも美しい、人間味にあふれた光景として思いえがく。

と言っているが、共感を呼ぶ感想である。私は禅宗史は知らないが、狂風を吹き起こしつつ荒れ狂ってきたこの稀代の破戒僧にとって、この出逢いが、その生涯に刻印された最も印象深くい、人間的な場面だったことは疑いない。多くの弟子や崇拝者に囲まれながらも、みずからを本質的には孤独で、「老狂薄倖」の身と感じていた老僧が、初めて真に人を愛するよろこびを与えてくれる女人にめぐりあったのである。

一休はその時の感動と、二人の愛のなれそめを、次のような詩に託している。

憶昔薪園居住時　　憶えば昔　薪園《しんえん》に居住の時、
王孫美誉聴相思　　王孫　美誉《びよ》　相思を聴く
多年旧約即忘後、　多年の旧約即ち忘《ぼう》ぜし後、
猶愛玉階新月姿　　猶《なお》愛す　玉階《ぎょくかい》新月の姿。

想えば昔薪村の小さな家に住んでいた頃、そなたが、
皇孫で名声の高かったわしのことを、慕っていたと聞いたものだ、
長年その折り約束をすっかり忘れていたが、
薬師堂に立つ新月のような姿を　やはり今も愛していたことであったな。

これには次のような一文が付されていて、この詩が生まれた経緯が綴られている。やはり蔭木氏の読み下し文で引く。その訳というか大意は私のものである。

右、余薪園の小舎に寓して年有り。森侍者、余の風彩を聞き、已に嚮慕《きょうぼ》の志有り。予も亦た知る。然れども因循《いんじゅん》として今に至る。辛卯《しんぼう》の春　墨吉《すみよし》に邂逅し、素志を以て問えば　即ち諾《だく》して応ず。因《よ》って小詩を作り、之を述ぶ。

右の詩は、わしは薪村の小庵に何年か住んでいたが、森女はわしの立派な風彩の評判を聞いていて、恋い慕っていたということだ。わしもそれは知っていたが、ぐずぐずしているうちに、今日まで過ごしてきた。それが文明三年の春に住吉で偶然また出逢って、もとからの気持ちを訊くと、承知してくれた。それでこの拙い詩を作って、思いを述べる次第である。

思わぬ再会によって森女の気持ちを確かめたら、御老師さま、わたくしめのお慕い申している気持ちに変わりございませぬ、と言われて感激し、最終句に見られるような、彼女を美しく清らかな女性として讃える詩を作ったのであった。「即ち諾して応ず」というのは、「どうじゃ、薪村へ来て、わしと一緒に暮らしてくれぬか」という誘いに応じたということである。こんなことは、おそらく一休にとって、初めての体験だったのではなかろうか。それまでの一休は女体、女色を知っていたにせよ、女人の愛を知っていたかどうかは疑問である。少なくとも、詩の上ではそれを読み取ることはむずかしい。富士正晴氏は第二句を、

王の子孫と美人の誉れ高い女が　噂をきいて思い合い

と奔放に（と言うかむしろ気楽かつ出鱈目に）訳し、「題二句は詩のつねとはいいながら大分オーバーである。年寄にはかなわん。」などとのんきなことを言っているが、これも奇才富士正晴だからこそ許されるのだろう。ヘンなオヤジである。

実は右の詩に関しては、これまた山田師の異論がある。師は、第二句「王孫の美誉　相思を聴く」というのは、一休が森女に向かって、「**お前さんが王孫であることを聞いて**（太字―引用者）心に思い」という意味だと説いている。一休が森女が王孫であることを聞いて心に思い、ある約束までしたが、それもすっかり忘れていた、というのである。これは先に見た森侍者皇女説から出た解釈で、師はそれを、

今の国文学者、作家は森が一休を皇孫として慕ってきたように書いているが、これは主客転倒で、一休は森が皇孫であることを知っていたのである。

と述べているが、この主張にはどう考えても無理があると言うほかない。今の国文学者、作家でもなくほかならぬ一休自身が、「森侍者、余が風彩を聞き」とはっきり書いているのに、どうしてこのような解釈が出てくるのか、理解に苦しむ所以である。山田師の拠ったテクストには一休が右の詩に付した、詩の成り立ちを語った文章が載っていないのかもしれない。さもないと到底師の主張は理解できない。

畏れ多くも皇胤一休禅師の恋のお相手であるからには、やんごとなき女性でなければならぬという固定観念が、テクストを素直に読むのを妨げているのだとしか思えない。

人は右に見た、老年の恋の発端を告げる詩に接して、それまでの「酒肆婬坊」の詩や、女色の詩とは明らかに異質のものを感じるはずである。ここにはそれまでの淫詩・閨房礼賛の詩とは違って、愛する女人に対する、一休のあふれるような心情が吐露されているからだ。森女との運命的な出逢いは、一休その人を、そして頽齢が生んだ文学をも変えた。多くの弟子に囲まれ、茶人や能楽師、連歌の宗匠などとの交際もありながら、老年の一休はみずからを「老狂薄倖」と言っているから、心に大きな空洞を抱え、孤独だったのであろう。性愛の相手はいたとしても、真にその孤独な心を慰めてくれる女人はいなかった。その胸中の空洞を埋めて歓喜でいっぱいにし、一休に春を回し、老いの日々を生きるよろこびをもたらしてくれたのが、盲目の美女森だったのである。一休にとって森女の発見は、新たな愛の文学創造へと踏み出す契機となったのであった。右の二篇の詩は、この新たな出逢いが、老いた一休の胸をどれほど強く揺さぶり衝き動かしたか、盲目の美女がどれほど深くその心を強くとらえたか、如実に物語っていると言えよう。それはこの老和尚にとって新たな生の始まりでもあった。

と、ここまで書いてきたが、これも柳田氏によれば夢物語を語る一休和尚の幻術にはまったもので、右に述べたようなことは、すべてまったくの虚構を事実と受け取ったことから生じた、読者の空想にすぎないということになるらしい。氏はこれまでに見た上記の二篇の詩について、こう言っているからである。

しかも、二つの詩の内容を細かく検討していきますと、いずれもほとんど一字一句と言っていいくらい、中国の作品をふまえ、そこから文字や素材を借りてきていることがわかる。作品は、春にもとれるし、冬にもとれる。読む側としては、最初に気をつけねばならぬ問題が、たくさん潜んでいるのです。

つまりは二篇の詩は中国の詩を素材にして創り上げたまったくの虚構であって、実際には森女も存在しなければ、二人の邂逅もなく、晩年の一休が彼女を得て、真の恋愛と呼べる熱烈な愛の日々を送ったなどというのは、この詩が虚構たることを見抜けなかった、読者の妄想にすぎないというわけである。「読む際に気をつけねばならぬ問題」に、気をつけなかった私の落ち度に相違ない。だが蟷螂の斧と知って、一言反論を試みれば、仮に右の二篇の詩が、一字一句中国の詩から文字や素材を借りているとしても、それがただちに虚構性の証拠となるかどうか、疑問である。典故を用い、先人の詩句や表現を意識的に踏まえ、利用して一篇の詩を仕立て上げるのが中国の作詩法の伝統である。況や日本人が外国語である中国語で詩を作るとなれば、かの国の詩から、詠おうとしている内容にふさわしい字句や語彙、表現を借りて作らざるを得ないのは当然であり、一休自身が『狂雲集』でしばしばやっているように、詩句をそっくり借用することも稀ではない。文学的誇張や虚構の要素を加味しつつも、一休がここでもそれを実践し、実際あったと思われる森女との邂逅を詠ったのだと、考えてはならない理由はあるのだろうか。

虚実の問題はさておくとしても、ここで見た二篇は、精神性は薄く、詩としてはまださほどの高みには達していないように思われるが、これまで見てきた女色の詩などに比べれば、一段と高次で純度の高い詩人へと脱皮を告げていることは確かである。ともあれ作品を信ずるかぎりでは、こうした劇的、運命的な再会によって、森女は以後一休のもとに身を寄せ、以後「森侍者」と呼ばれてその身辺に仕え、一〇年にわたる熱烈な愛の生活を経たのち、「死にとむない」と言って、八八歳という当時としては稀な高齢で遷化した一休を看取ることとなったのであった。一休はまだ若い盲目の美女をその胸に抱き取り、それまでに経験したことのない、新たな愛をも抱き取ったのであった。その生活の中から生まれた愛の詩をいくつかに分けてたどり、その様相、詠われた愛の姿形を窺ってみたい。取り上げる順序は『全集』の番号順の配列には従わず、私意によって選んで見てゆくこととする。

第四章　自受法楽の愛の讃歌

八十路《やそじ》過ぎ性愛《あい》の歓喜に酔ひ痴れる一休和尚は怪物なりしか

——茂原才欠《もはらさいかく》

一　鴛鴦《えんおう》の契り

約弥勒下生
盲森夜々伴吟身
被底鴛鴦私語新
新約慈尊三会暁
本居古仏万般春

弥勒下生《みろくかしょう》を約す
盲森《もうしん》　夜々　吟身に伴《ともな》い、
被底《ひてい》の鴛鴦《えんおう》私語新たなり
新たに約す　慈尊三会《じそんさんえ》の暁
本居《ほんご》の古仏　万般の春。

これは愛する女を得てともに歓を尽してのよろこびを詠った詩である。但し森女の実在を否定し、フィクション説をとる柳田氏は、この詩を一休と森女の愛の詩の一つとは見なさず、独立した作品として解釈している。この詩も柳田聖山氏によると、一休が愛する女人森女とのひそやかに来世までの愛の誓いを交わす詩などではなく、「一休と大燈国師とが大燈の法燈を遺すための密約」を交わすことをした詠った作だということであり、そこにはエロスの要素はまったくないことになる。少なくとも作品を裏の裏まで読み込んで、そこに禅機を見出すことができない今の私には、到底受け入れられない解釈である。この詩は禅僧の作であるから仏教用語が並んでいてとっつきにくいし、注釈なしでは解しがたい。私にはよくわからぬ句があるが、蔭木氏の注と訳、石井氏などの反訳に学んで拙訳を試みると、こういう意味らしい。後半の二句は蔭木氏と石井では、まったく解釈が異なる。

　恥かしいことだが、盲目の森女は夜ごとに詩を吟ずるわしに寄り添い、
　夜具の中でおしどりのようにささやきを交わす。
　弥勒菩薩が出現しての三度にわたる説法を共に聞こうと約束すると、
　わしが頼みとする弥勒菩薩は、万物に春をもたらす。

　蔭木氏の注によると、「慈尊」というのは弥勒菩薩のこと、「三会」というのは、諸仏が衆生を救うため、三度開く説法の集会のことだという。それはいいとして、問題は後半の二句で、蔭木氏はこれを「（目ざめた暁）弥勒（竜下《りゅうげ》）の三会のように、衆生済度の誓いを新たにすると（傍点—引用者）、わがよりどころの古仏（弥勒）は、万物に春をもたらす。」と訳しているが、これだと正直に言って私にはわからない。誰が衆生済度の誓いを新たにするというのか、この反訳からは不明である。石井氏はこれを大胆に、

　目覚めた朝には、また、何度も抱き合いたいと約束する、
　お森は、儂を救ってくれる弥勒菩薩であって、万物に春をもたらす人だ。

と訳しているが、これならよくわかるし、それに惹かれもする。「本居の古仏」とは、自

分にとって弥勒菩薩である森女その人を意味するとした解釈である。「本来の居所にいる古仏」というのが文字づらの意味のようだが、弥勒菩薩を指した言葉であろう。いずれが正しいのか、素人にはわかりかねるが、要するに、愛する人と共に、弥勒菩薩の出現を待ち、相携えてその説法を聴こうと固く約束した、という意かと察せられる。つまりはこの一篇は、森女と永く続く愛を誓い合った詩と見える。蔭木氏はこの詩は現実のことを詠ったものではなく、夢の中の出来事だと説いている。「森侍者と睦みあったのは、夢の中であり、森女は閨を夢見る一休の理想のヒロインだったのである。」というのである。素朴な一読者としての私は、この詩に、初めて真に愛する女人を得て胸に抱き、愛のよろこびを知った老僧の沸き立つような歓喜を読み取るのだが、どうだろう。石井氏の訳にあるように、一休には森女が弥勒菩薩、あるいは観音菩薩に見えたのではなかろうか。詩人としての一休の一段の飛躍、進展を示す作と評せる作だと思う。

中川氏は一休の愛について次のように言っているが、当を得た見方だと思うので、少々長くなるが、ここで引いておきたい。

一休と森侍者との交情はよく知られているが、わたくしは、この両者の交情も、一休が多くの人に接するその折り折りの温かい思いやりのなかで、自然に結ばれ、情愛を深めていった、そのような一人の男と一人の女の愛であったと思っている。ということは、一休の愛心に包摂された女と一休との精神的な愛であったというのでは勿論ない。二人の愛は、年齢的にはかなりかけ離れていたようであるが、まさしく性愛であったと考えてよかろう。それは一休にとっては彼の生理に疼いていた色愛の発見であった。

敢えて一言添えれば、一休と森女との愛は色愛であり、まさしく性愛ではあったが、そこには、それまでこの老和尚が巷の、あるいは他の女人たちとの女色淫楽では経験しなかったような、精神の高揚も見られると思うのである。頽齢に達して初めて、恋愛と呼ぶに足るものを経験した一休の幸福感が、ここに見る詩の中に漂っていると感じるのは、私一人ではあるまい。ここには陰湿、隠微なところなど微塵もなく、徹底した明るさがかがやいている。ちなみに柳田氏がこの詩に附した、

他人《ひと》に言わない、内緒の話、
歌の生涯　三世のちかい。
素肌まさぐる　けものみち、
あっぱれ　潙山のコッテ牛。

という都都逸調の訳はさっぱり意味が解らない。一読わかる人がいたら教えて欲しいものである。

右の詩と同じく、森女との、閨での鴛鴦の契りを詠ったと見られる詩がもう一篇ある。

「夢閨夜話」と題された次の詩がそれである。この詩には森女の名は出てこないが、その内容からして、森女にかかわる詩であることは疑いない。これは禅が絡まったいささか煩わしく厄介な作で、これには困るが、どんな詩か瞥見しておきたい。

夢閨夜話
有時江海有時山
世外道人名利間
夜々鴛鴦禅榻被
風流私語一身閑

夢閨の夜話
有るときは江海　有る時は山、
世外の道人《どうにん》　名利の間。
夜々の鴛鴦《えんおう》　禅榻《ぜんとう》の被《ひ》
風流の私語　一身閑《しずか》なり

柳田氏によれば、これは「一休文学の確かな禅的色彩を示す作品」だとのことで、「夢閨夜話」とは、「ひとりねの歌」を言うのだという。氏の解釈はまったく独自のもので、第二句の「名利間」を「名利を間《へだ》つ」と読んでいるばかりか、この詩全体の解釈も、蔭木氏、石井氏とは大きく異なっている。「原作のフンイキを出すことに努めた」という、その歌謡調の口語訳を引いてみよう。

海辺、山ぞい、人目を避けて、
道をひとすじ、名利はいらぬ。（傍点—引用者）
夜な夜な、おしどり、座禅のふとん、

たのしみ尽きない、独りの色気。（傍点—引用者）

最もわからないのは第四句の訳だが、第二句にかんしても、蔭木、石井亮氏がこれを自分以外の禅者のことを言ったものと解して、それぞれ「世俗外にいるはずの修行者が、名利の世界におるわい。」、「世俗の外にいるはずの修行者も、煩悩の世界にいる。」と反訳しているのに反して、柳田氏は作者一休自身のことを詠ったものと解しており、まったく反対の意味にとっている。また一休と森女の夜々の合歓を詠い、二人が毎夜夜具の下で、鴛《おし》鴦《どり》のように睦み合っていることを言っていると解される第三句も、柳田氏の歌謡調の訳では、誰の行為をあらわすものか、曖昧で理解できない。「確かな禅的な色彩を示す作品」とは、禅問答同様に、なんともわからないものらしい。私にかろうじてわかるのは、この詩が一休と森女が、夜々の褥の中でおしどりのように睦み合ったことが、第三句で詠われているということだけである。わからぬままに、一応反訳してみる。

あるときは河や海に、あるときは山に放浪行脚し、
世俗世界の外にいるはずの禅者が、名利の塵にまみれておるわい。
わしは森女と夜々座禅の布団に夜具にくるまり、おしどりみたいに睦み合う、
愛のささやきを交わしながらも、心はのどかなもんじゃ。

一休が心のどかだというのは、愛に没頭してはいても、俗塵にまみれ名利にとらわれて

いる禅門の徒なんぞよりは、わしのほうがずっと本物の禅者だぞ、ということだろうか。禅的色彩が絡んでくると、その方面に疎い私などはもう手が出ない。門外漢の悲しさである。

次は「美女の婬水を吸う」という、いささか露骨なタイトルをもつ詩を眺めてみよう。同じ詩題をもつ作はもう一篇ある。これは一見すると色情狂老人の閨房での痴情、狂態の告白として読めるが、果たしてそれだけに尽きるものなのか、一考に値しよう。この詩は最後の句が厄介で、人により解釈が異なっていて、仏教史や禅学の知識を欠く私には、どれが正鵠を射たものか見当がつかない。

密啓自慙私語盟
風流吟罷約三生
生身堕在畜生道
絶勝潙山戴角情

密啓《みつけい》自《みずか》ら慙《は》ず私語の盟《ちかい》、
風流　吟じ罷《おわ》り　三生《さんしょう》を約す。
生身《しょうしん》堕《お》ちて　畜生道に在り、
絶勝《ぜっしょう》なり潙山《いさん》戴角《たいかく》の情。

第一句の「密啓」とは「密かに啓《ささや》く」という意味だし、蔭木氏が「風流な詩を吟じ終わって」と訳している「風流」とは、ここでは間違いなく「房事」、「性愛」を意味することは明らかである。一休の詩における「風流」とは、しばしば女色、男色を意味しており、「房事」「交情」を婉曲に表現している語である。蔭木氏の反訳されたように「風流の詩を吟ずる」といった上品なことではなく、より生々しい性的行為を暗示していることは間違いない。それを除くと第四句の「潙山載角云々」が問題だが、全体として詩意はわかりやすい。この詩は白楽天の「長恨歌」を踏まえて作られていることが注記されているが、玄宗皇帝と楊貴妃とが固い愛の盟《ちかい》を囁いた「七月七日　長生殿／夜半人無く　私語の時」という名高い詩句が応用されている。

これもやはり蔭木、石井両氏の反訳に学んで、私なりの訳を付してみよう。

美人に密かに愛の誓いをささやいて、わしは恥ずかしい、
美人との房事を終わって、過去、現在、未来にわたる三世の愛を誓う。
生身のまま畜生道に墜ちてはいるが、
潙山靈裕和尚が牛に生まれ変わって、角を生やしているのよりも、まさるわい。

「生身のまま畜生道に墜ちている」というのは、一休が、情熱、愛欲の赴くままに、美人つまりは森女の婬水を吸った己の所業を愧じて、自分がついに畜生道に墜ちたと感じていることを詠ったものであることは間違いない。新たな愛を知って無反省にひたすらそれに溺れ、埋没していたわけではなく、性器に口づけするというような行為は、畜生道に墜ちたものだという自覚があり、罪業意識も頭に上ったことであろう。周囲の人々の眼には、色ボケ爺の痴態そのものと映ったに相違ない。それを自覚した上での覚悟のほどが、最後の一句に宣言されていると解するのである。俺にとっては、悟って、異類中行により、衆生済度の善行をおこなおうとした昔の禅僧の生き方よりは、愛のほうが大事なの

だ、俺はこの愛に生きるのだ。非難するやつは非難しろ、嗤いたいやつは嗤うがいい、というところか。一休は老境にして初めて知った愛に真剣に向き合っているのである。

中川徳之助氏は前掲書で、森女を歌った愛の詩について、こう述べている。

森女を詠じた詩が、一首を除いて、すべて偈部に入っていることは注目されてよい。森女と一休との交わりが、一休にとって色愛の充足といったようなものではなくて、真剣な生き方そのものであり、そこに形象される偈の一つ一つが一休の内面を暴露する表現となっているのである。

確かにこれは正鵠を射た見方である。右の詩もまさに、ひたむきに新たな愛に生きようとする一休の内面の表出であり、暴露にほかならない。「美人の婬水を吸う」というショッキングなタイトルに欺かれて、老年の妄想が生んだエロティックな詩として片づけるわけにはいかない作品である。それは艶詩の域を脱して、もはや美の領域に入っていると言ってよい。

ちなみに山田師は前掲書で、一休の性行為について、次のように、あまり禅者らしからぬずいぶんさばけたことを言っている。

この行為は森の純愛に心琴を震わせた一休が感極まって自然出てきた行為で、単なる肉茎の強直とか欲求からではなく狂気ともいうべき彼の性格からくる純粋行為で、性本能というより彼女の清純な愛情への反射的動作で、亀甲型かむく鳥型の所謂《いわゆる》69型であろう。森も尺八で応じたと思われ、遊化三昧の美しい境にあって二人はそれぞれに作仏作業でありむしろ、仏も禅もない本来の自分自身に成りきって二人が一個の塊となった美しい姿であった。

老和尚と盲女の性行為の体位まで具体的に解説して下さるのはありがたいが、それが「作仏作業」であるとは、俗人である私は知らなかった。これは森女との愛を過度に理想化、美化した見方ではなかろうか。だが山田師が、この詩に無理に禅的なものを読み取ろうとしていないことには、大いに賛意を表したい。市川氏が一休の森女に対する愛の中に、「自受法楽の風情」を読み取っているのは正しいと思われる。水上勉氏が『一休』で、一休の森女への愛について言ってることも見逃せない。

私はいま、一休の詩篇に、相手の盲女がどのような表情と心懐でいたであろうか、とあらゆる行間をさぐってみるが、それを素直に表現してくれる一休でないことがわかった。つまり、一休は、女の胸心へ入ってゆかない。ひたすら、己の陶酔と悦楽を語るだけである。

という指摘は、まさに「自受法楽」としての愛を言ったものである。一休頽齢の恋は確かにそのようものだが、そこから生まれた一連の詩が、新たな愛を知って次第に純化し、昇華されてゆく老僧の内面の表出として、美の領域へと高まって行くのも、また事実である。

ここでもう一度詩のテクストに立ち返ってみよう。

第四句目の「絶勝」はテクストによっては「超越」となっているものもあり、蔭木、石井両氏とも「絶勝」を「すばらしいのは」の意と解しているが、私はこれは韓愈の詩にある「絶勝花柳満皇都」と同じく、「絶えて勝《まさ》る」と同じ意味ではないかと思う。「邪淫により、生身のまま畜生道に墜ちたと言われようが、それでも愛する女人に三世の愛を誓うほうが、死後牛になった衆生済度に努めたという昔の潙山和尚よりは勝っているぞ」という強い姿勢を示したものと解したいところだ。これも余計なことだが、ドイツ語訳を覗くと、最後の句が、

Weishan weit übertreffend in unserer gehörten Liebe.
（潙山はわれらの角を生やした愛において遥かにまさっている）

というわけのわからない訳となっている。「われらの角を生やした愛」とは一体なんことだろう。これもわからないから、一層ありがたく見えるのかもしれない。

蔭木氏はこの詩もやはり現実のことではなく、「一休と森侍者の愛欲は、夢の中のことである」と説いて、「美女の婬水を吸う」というショッキングな題は、一休の現実的行為ではない、と主張している。氏はその著『中世風狂の詩』では、最終句を「超越」とするテクストを採っているが、そこではこのショッキングな題について、

美人の婬水を吸うという行為は、衆生に禅の奥旨を示す為に、潙山が牛に生まれ変わる事をも超越する大衆救済の行《ぎょう》なのであろう。それが結句なのである。

と言っているが、美女の婬水を吸うという性行為が、なぜ大衆救済の行なのか、そもそもそんな禅の奥旨の示し方があるのか、禅に疎いわたしにはとんと理解ができない。一休が性愛というものを高く評価しているというのならわかるが、大衆救済云々と言われると、なんだか煙に巻かれたようで、とたんにわからなくなってしまう。禅坊主が美女の淫水を吸うと大衆が救済されるというのなら、当節の禅僧の方々にもそれを日々実践していただき、大いにこの国の衆生の救済に努めていただきたいものだ。禅とはなんとも不思議で厄介なものらしい。

書かれている詩のテクストをただ素直に読む素人には、この詩はそんなふうには読めない。またこの詩が現実の行為を詠ったものではなく、夢の中のことだと断定する根拠もないと思う。なぜ夢のことだとしなければならないのか。私は右の詩は、先の愛の詩と同様に、ようやく得た単なる肉欲性愛の対象以上である女人との愛に耽溺して、愛のささやきを交わし、性器接吻という行為にまで及んだ己の姿を愧じつつも、それを誇らしげ語ったものと解するのである。この段階では一休はもう禅の領域を踏み越えているものと見える。性愛を大胆に肯定し、それを讃える一休は性をタブー視したりはしない。「もしも盲女の性器接吻という行為に耽っているこのわしが、生き地獄に墜ちたと言うなら言うがいい、それでも真の愛に生きるほうが、その昔牛となり異類中行を経験した立派な坊主なんぞより、ずっとましじゃわい。」と言いたいのではなかろうか。この詩にしても、一休のそれまでの女色淫楽の詩とは、明らかに質を異にしていて、そのたぐいの艶詩には絶えて見られなかった、愛に関する精神的な態度が読み取れると私には思われる。禅の規矩からも解放された自由な人間の大らかな愛の詩《うた》だと言ったら、嗤われるだろうか。

付言すれば、この詩に関する柳田聖山氏の次のような指摘があるが、これも禅学に暗い私にはよくわからないところである。氏の言うように、良寛が住んだ五合庵が、この騒動禅の枠をはみ出した野僧の寿塔だったとしても、それが「美女の淫水を吸う」というこの詩と具体的にどうかかわっているのか、悲しいかな、それがわからないのである。

　有名な住吉薬師堂の詩や、「美人の淫水を吸う」という、一見人を驚かす奇異の作品も、実は寿塔の思考からきています。内的信仰の純潔を守る、佯狂の特殊装置なのです。(『沙門良寛』)

いずれにしても一休が六七歳以後に名乗った「夢閨」という号に、過度に重きを置きそれに引きずられて、晩年の愛の詩はすべて夢の中のこと、夢想、空想の産物だとするのは危険だとも思われるのだが、どうだろう。

二　性愛讃歌

今度は頽齢の一休が、愛する女人を得て初めて真の恋を知り、彼女と閨で法悦の境地を味わったことを、赤裸々に詠った一篇を取り上げよう。これは林逋の名高い詩を典故として用いているため、それに惑わされて、性愛讃歌であることを見誤ってしまう可能性が高い詩である。逆に、その詩意を把握すると、今度は単に色情狂の老僧が、その痴態、狂態を物語ったかに見える詩でもある。禅門の人々が、こういう詩に当惑して、ことさらに無視したり、嘘だとしたり、単なる夢想だとするのも無理はないとも思われるが、果たしてそう片づけて済むものかどうか、作品に即してそのあたりを少々探ってみたい。
まずは「婬水」と題された詩を、蔭木氏によるテクストで掲げる。

婬水　　　　　　水に婬《たわむ》れる

夢迷上苑美人森　　夢に上苑美人の森に迷い、
枕上梅花花信心　　枕上の梅花　花信の心。
満口清香清浅水　　口に　清香清浅の水を満たし、
黄昏月色奈新吟　　黄昏《こうこん》の月色　新吟を奈《いか》んせん

右の詩はそもそもこの詩題の解釈からして問題がある。この詩を現実ではなく夢の中の出来事、夢想だとする蔭木氏は、これを「水に婬《たわむ》れる」と読み、「（別の箇所では）性の分泌液」と解したが、婬には「たわむれる、たのしむ」の意があるので、ここでは思い切って、清香清浅の「水にたわむれる」と訳したと、註記している。そういう前提に立っての解釈であるから、氏の反訳（通釈）は、なんともわかりにくい。そもそも「水に婬《たわむ》れる」とはなんのことなのだろう。氏によると、この詩は、

夢の中、宮中の庭園で美人のいる森《もり》に迷い（宮苑の美女森《しん》侍者に迷い、ふと目ざめると）枕べの梅が送る花便りの心に魅かれていた（迷った）のだった。口の中にいっぱいは清らかな香りの水を含み、たそがれの月をみて、（林逋も誰もまだ作らぬ）新作をどうしようか。

という意味だとされている。これはなんとも持って回った、苦しい解釈であるとしか言いようがない。右の詩の「婬水」とは明らかに女性の愛の分泌液を指しており、「梅花」とは岡松氏が言うように、森女その人を指して言われていると解すべきである。冒頭に「夢に」とあるから、これは確かに現実の行為そのものを詠った詩ではなく、一休の夢想した世界であることは事実だが、森女を夢見た性的な内容の詩であると解したい。最後の句は難物であるが、二階進氏のように、これを、

故人も月色の中でこの香りをかいだであろうか

と反訳している人もいる。

　これが中国の古典詩を踏まえて作られた詩で、「上苑美人」とは、「中国の後宮にいる女人」をイメージさせるものであることは、堀川貴司氏も論文「『狂雲集』小論」で論じているところであり、後半の二句は、宋代の詩人で一休が愛好していた林逋の詩「山園小梅」を踏まえていることも、氏の指摘するとおりである。だが詩意全体の解釈となると賛意を表しがたいところがある。氏は後半の二句について、

　　ここでも梅と月とに誘われて戸外に出た主人公は、清らかな香をいっぱいに吸い、**清らかな湖水を口に含む**（太字―引用者）。さて今夜はどんな詩を作ろうか―そんな風流隠遁の生活の一こまが想像される。自らを林逋のごとき隠者に擬しているのである。（『詩の形・詩のこころ』）

と説明している。第三句の「清らかな湖水の水を口に含む」という解釈は、「婬水」という詩題からしても、無理ではなかろうか。氏の解釈が蔭木氏のそれと違うのは、そこにエロティックな含意を読み取っていることで、重要なある一点を除いて、これには賛成できる。氏はこの詩について言葉を継いで、
　ところで今までわざと隠していたのだが、この作品のタイトルは「婬水」であった。するとたんに、夢うつつ、森を彷徨う、梅の花、花の香り、口に含む、歌う

（「吟」）といった表現が、閨房における行為の暗喩として立ち現われてくる。いや、もしそのようなタイトルがなかったとしても、ここには森や水のように生命にかかわりの深いもの、森の到来＝生命の甦り、歩く、飲む、歌うといった肉体の動作、夢、というように生命や身体に関わる表現が豊富で、エロティックな含意が自ずと感じられてくる。

と述べており、これは烔眼な指摘だが、私の受け取り方はやや違う。この詩が中国古典詩を踏まえ、そこから詩語やイメージを借りて作られているのは事実だとしても、これは夢の中での性行為そのものを、より端的に詠った作だと解したいのである。「婬水」という詩題自体が物語っているとおり、一休は、梅花にもたぐう美女である森女を夢見て、彼女の女陰から婬水を吸ったことを詠っているのだと思う。「婬水」とは「水にたわむれる」と言うような意味では無論なく、「清香清浅水」とは「清らかな湖水の水」でもなく、ずばり美人すなわち森女の愛液だと解するのである。現に一休は後で見る詩で「美人の陰《いん》に水仙の香有り」と言っているではないか。「自らを林逋のごとき隠者に擬している」どころか、夢の中で性愛の歓喜にひたる己の姿を詠っているのだと主張したいところだ。一休がこの詩で、隠者として知られ、生涯娶らず梅を妻とし鶴を友としたという詩人林捕に、己を擬しているというのは当たっていないと、私には思われる。中国古典詩の学なき男が、そういう短絡的な読み方をするのだと、学者先生に叱られそうな気もするが。岡松氏

がこれについて、
　一休は相手の性器に恐らくは口をつけて、梅が香をかぐイメージで詩を作っている。
と言ってるのは、そこを正しく見抜いてものだと思う。この詩はなんとも訳しづらいが、石井氏の反訳を参考にして拙訳を試みると、こんなところか。

　夢の中でも高貴な美人森女に迷うことだ、
　枕元までただよってくる梅の花の香が、花の便りを送ってくれる
　口いっぱいに清らかな婬水を含み、
　さて黄昏の月の照る中、新たにどんな詩を作ったものか。

いずれにしても一休の詩は、豊富な漢詩の知識と技法を自在に駆使していて、読み解くのは容易ではない。かなりきわどい内容の詩であっても、それを漢詩の措辞や技法を用いて巧みに表現しているので、一読して表面的な意味の裏にある詩意を把握することがむずかしいのである。要するに、一筋縄ではいかない代物なのである。
　ちなみに、ずいぶん昔に読んだので細部は忘れてしまったが、堀口大学の詩に、愛する女性の秘所に顔をうずめている時が至福の時だ、といったことを詠った詩があったのを微かに記憶している。
　さてこれに続いては、次に愛のいとなみそのものの悦楽を詠った詩を眺めてみよう。こ

れも黄庭堅の詩句に基づく比喩的な表現を用いたりはしてはいるが、端的に交合の歓喜を詠った作である。

美人陰有水仙花香
楚台応望更応攀
半夜玉床愁夢顔
花綻一茎梅樹下
凌波仙子遶腰間

美人の陰《いん》に水仙花の香有り
楚台は応《まさ》に望むべく　更に攀《よ》ずべし。
半夜の玉床　愁夢《しゅうむ》の顔、
花は綻《ほころ》ぶ　一茎《いっけい》　梅樹の下
凌波《りょうは》の仙子　腰間《ようかん》を遶《めぐ》る。

タイトルそのものが、「美人の陰部は水仙の香りがする」とずばり言い切っているとおり、これも森女の性器に口づけしたことを詠った詩である。漢詩の表現でつつまれてはいるが、生々しいエロスの歓喜あふれる一篇だと言ってよい。この詩を作った時、『法華経』で仏陀の説く「女身垢穢《にょしんくえ》」などという教えは、一休の脳裡をかすめもしなかったに相違ない。この一篇はタイトルを除き、露骨で直接的な描写を避けるべく、表現を慎重に選び中国古典詩の表現を借りて構成されているが、比喩的表現の裏にあるのは、かなりきわどい性愛詩だといってよい。山折哲雄氏は上掲の一文でこの詩を評して、

ここでは婬水が水仙花に通じ、「上苑美人の森」が「美人の陰」に通じていて淫靡な生の暗喩が成立しているのは見やすいが、詩句全体がもっている味わいは余情と写

実を欠いていて、どちらかというと観念的な春画たるに近い。

と述べているが、「観念的な春画」とは言い得て妙である。確かに観念的ではあるが、その意を探ると、そこに生々しいエロスの臭いが漂っていることもまた否定はできない。ジョン・ダンのエロティックな詩について意見を求めるついでに、私がこの詩を見せたキリスト者である英文学者の女性は、「まあ、いやらしい。身震いするほどおぞましく汚《けが》らわしいです。だから仏教のお坊さんは嫌なんです。キリスト教にはそんな淫蕩な聖職者はいません。」と言って激しい拒否反応を示したが、確かにそれが「健全な」人の感覚であろう。（『デカメロン』などを引くまでもなく、キリスト教世界にも、性愛に耽った聖職者はあまたいたものと、邪推しているのだが。）

普通に考えれば、八〇歳の老僧が若い盲女の秘所に口づけしてその臭いを嗅いでいる情景は、まさに狂態、痴態以外のなにものでもないが、そういう性的妄想を一篇の愛の詩に仕立て上げてしまうところが、一休の凄いところである。その内容が、性愛の行為そのものを詠っていることは明白である。ただそれが中国古典詩の表現をふまえ利用した、漢詩という形をとっているため、われわれには容易には見抜けないだけの話である。「美人陰有水仙香」という題を見て一読しても、「美人が立っているどこか陰のあたりに梅の木があって、そこで香り高い水仙の花が咲いているというんだな。腰のあたりの高さでその水仙が匂っているというわけか。きれいな詩じゃないか。この詩のどこがエロティックだというんだ。」と受け取ってしまいがちである。それも無理のない話で、こういう詩はやはり説明を要するのである。

まず言葉から見てゆくと、「楚台」とは楚の懐王が神女と「雲雨のまじわり」をした所として、中国古典詩では有名だが、それはあくまで表面的な意味であって、この詩句では、実際には女体、より具体的に言えば「ヴィーナスの丘」を指していると解される。あるいは下腹部から腰の上にかけてのふくらみを言っているともとれる。「愁夢」も単に「悲しい夢」（蔭木）、「夢のような愁いの顔」（石井）というような意味ではなく、性的なニュアンスが濃い語として用いられているものと思われる。「花」と言われている語は明らかに女陰を指しており、それゆえにこそ詩のタイトルに呼応して、第四句で「水仙の香りがただよう」とされているのである。富士正晴氏が「花は女陰、梅樹は男根であろう。でないと凌波仙子《すいせん》が腰間へめぐるわけがない」と説いているとおりであって、「玉茎の下で女陰が花開く」というのが、第三句が裏で意味するところなのは間違いない。「凌波仙子」とは、宋代の詩人黄庭堅の詩にある表現で、水仙の異名だという。

それを念頭において反訳すると、大体こうなるだろう。

女人の丘は眺めるのも、口で愛撫するのもよいもの、
夜半の美しい臥所に、愛撫を受けて愁いに沈む顔。
一茎《ひともと》の水仙はほころび咲く、梅の樹の下、

水仙の香はただよう、美人の腰のあたりに。

右の反訳でもいささか婉曲にすぎようか。石井氏は大胆にも、第一句を、

楚々とした腰にくちづけしよう、
もっと抱きしめて愛おしもう、

と反訳しているが、第三句の訳はやや曖昧で、

花は指先に綻び梅の木の下に匂い立つ

となっているのは、指先で女陰を愛撫していることを言っているのだろうか。富士正晴訳は例によって大胆奔放なもので、こんな日本語になっている。

女体視るべし　のぼるべし
夜半のベッド　人恋しげな顔がある
花はほころぶ一茎《くき》　梅樹の下に
水仙は腰間をめぐるなり

先に指摘したように、これはその実相当にきわどい性愛の行為を詠ったものであるが、中国古典詩の措辞を巧みに駆使して、それを見事な詩に造型しているのである。今泉淑夫

氏がこの詩について、

一瞬の世界を詩の側から表現して、修道の形骸にまみれた密閉された美を解放し、破戒の絶対を美の絶対に重ねた新しい境地である。説明ではなく、そこにある世界が、そのままのこととして、そこにある。研ぎ澄まされて、破戒はその真底をさらしている。

と評しているのは、核心を衝いたものだろう。そう言われてみないと、俗漢の私などは、そこまでは深く読み取れないのだが。また西田氏はこの種の性愛詩を念頭において、

誰もが詩形式への定着をはばかり、口にすることもできないような閨房《けいぼう》の痴態を一休はまるで露出狂症的に次々とさらけ出している。

と言っているが、一休は七言絶句という漢詩の形を借りて、頽齢にして知った性愛の歓喜を詠った詩を創り上げたのである。それはいかにも独創的であった。西田氏はまた「一休のエロチシズムには、ふしぎなほど汚れというものがない」とも述べている。確かに一休の性愛詩は単に官能的とも評しがたいところがあって、開けっぴろげで隠微なところがないためエロティックでさえなく、詩人が頽齢にして味わった愛のよろこびが、ほとばしるがごとく、沸き立っている感がある。右の詩もそのことを感じさせる作だと言えよう。加

藤周一氏はそれを、「恋愛表現の極致」と呼んでいるが、私にはそこまで言い切る勇気はない。だがこれが初めて真に女人の愛を知った「老狂薄倖」の老僧一休による女体讃歌として、瞠目に値する詩であることだけは疑わない。内容こそきわどいが、決してポルノグラフィックなものに陥らず、一幅の艶なる絵画、美しい一篇の詩たりえているのはみごとなものだ。端倪すべからざる詩人であることは否めない。ちなみに水上勉氏が、『一休文芸私抄』で洩らしている、森女を詠った一連の愛の詩を読んで感想は、文学者ならではの炯眼犀利なもので、私の共感を誘わずにはおかない。少々長くなるが、これはぜひ引いておきたい。

こう読みつづけてゆくと、一休が森女を溺愛といってもよいほどふかい愛情でまぐわっている景色が想像される。世に禅僧の詩偈は多いけれど、妻の股間に水仙の香をかぎ、梅樹一輪の腰間をめぐって、心をぬらす告白は稀有といってもよい。上手にぼかすのではなくて、正直に吐露するのである。そうして、そのような情事の夜も、和尚にかかると、天然の風流として、至極自然な思いがする。これはなぜだろう。作る人の心に邪念がないからである。

三　回春のよろこび・森女讃歌

一休が森女を迎え生活を共にするようになってから、真の愛を知り、全身にあふれる回春のよろこびを味わったことを、端的に物語る詩がここにある。「森公（一休は彼女をこの名でも呼んでいる）の深恩《しんおん》に謝する願書」と題された詩がそれである。これこそ愛の讃歌であり、初めて体験したであろう、心身ともにとろけるような熱愛、森女の深い情愛に対する一休の感謝の念が、詩句の間からほとばしっている感がある作だと言ってよい。森女への愛の詩の中でも格別の位置を占めていると、私には見える。漢詩としての出来栄えはいざ知らず、その真摯な調子、「正述心緒」の詩としては、瞠目するに足るのではないかというのが、素朴な一読者としての感想である。エロスにまつわる詩だとしても、これまで見た女色誇示の詩などとは全く異なる、真摯な恋愛感情表出の詩、頽齢の老人が生んだ美しい愛の詩の一篇だと、私の眼には映るのである。

この詩には特別難解なところはないが、第三句の「深恩」の解釈に関して蔭木氏の異説があることを除けば、詩意は明瞭である。（この詩には、ここで私が述べているような受け取り方や解釈とは異なる、より冷静で学問的な解釈もあることは、後にふれる。）

謝森公深恩之願書　　森公の深恩《しんおん》に謝する之願書
木凋葉落更回春　　木凋《しぼ》み葉落ち　更に春に回《かえ》り、

長緑生花旧約新　　緑を長じ花を生じ　旧約新たなり。
森也深恩若忘却　　森や　深恩　若し忘却せば
無量億劫畜生身　　無量億劫　畜生の身ならん。

詩題がこの詩の作られた意図とその内容をはっきりと告げている。これはどう見ても一休が愛する女人森女に捧げた、真摯な感謝の詩であるとしか読めないし、ほとんどの人はそう解しているのだが、蔭木氏はこれに異を唱え、忘却や畜生の身の主体は森女だと解して、後半二句を「森侍者よ、この深いご恩を忘れたりしたら、永遠に畜生道に墜ちるだろうよ」と反訳している。詩の解釈では、「ご恩」というのは弥勒菩薩の恩だというのである。蔭木氏の解釈は、この詩に与えられているもう一つの別のタイトル「弥勒の下生を約す」に依拠したものと思われるが、氏自身が『全集』版のテクストで「森公の深恩に謝する之願書」というタイトルを採用しているのに、この解釈は矛盾してはいないだろうか。

一休がこの詩で、森女との新たな愛を知ってそのよろこびに浸り、愛されることのありがたさを身に染みて感じつつ、自分に春を回《かえ》してくれた森女への心底からの感謝を吐露、表出したことは、明らかである。女色は知っても、女人の愛を知らず、「老狂薄倖」と感じて孤独感をかみしめていた一休が、初めて真の愛を知り、「枯楊春老いて更に稊《ひこばえ》を生じた」身を顧みての歓喜の歌であり、森女讃歌である。自分と真摯な愛の生活を送れることになった御恩を、弥勒菩薩に感謝せよと森女に言いかせているとは、どう考えても受け取れない。森女にではなく自分に言い聞かせているのであって、それも弥勒菩薩の御恩に感謝しろというのではなく、わが観音菩薩たる森女に感謝せよというのである。一休は盲女との愛に生きることで、弥勒菩薩の約束する浄土に生きていると実感しており、それを吐露したのがこの詩だと思うのだ。

森女に向かって吐かれた「森也」という言葉から聞こえてくるのは、自分を愛してくれる女人への、言い尽くせぬ深い感謝の言葉以外の何物でもない。晩年の一休が味わってい た幸福感、森女とともに至福の時をもったことのよろびが、読む者の心にじかに伝わってくる詩である。これは、もはや頽齢の枯れ凋んだ肉体をもつ老人が、愛する女人の愛の力で、もう一度人生の春を経験したことの歓喜の歌である。わが観音菩薩たる女人への讃歌だと言ってもよい。この瞬間「老狂薄倖」というような意識は、一休の脳裡から消えていたことだろう。これが実体験にはまったく基づかない、色ボケ老和尚の単なる夢想から生まれた作品だとは、私には思われない。こんな幸せを体験する人は稀だろうし、ましてやそれを詩の形で表出したとなると、そんなことをした詩人や歌人は、枯淡を尊ぶこの国ではほかにいないのではないか。武田鏡村氏は一休と森との性愛生活について、氏は一休が森女ついて詠んだ詩は、文学上の空想だと主張する柳田説に同意して、

これまで著者も一休老残の体に春を甦らせた森女の若々しい肉体への恩と考えていた(『禅僧列伝』)。だがこの見方は、まさに一休の思うツボにはまったもので、少なく

とも一休が森女との愛欲奔放な生活に耽溺《たんでき》していたとは思えないのである。（『一休応仁の乱を生きた禅僧』）

と述べているが、そう思えない理由が私にはわからない。右に引いた一休の詩そのものが回春のよろこびにあふれる一休の感激を如実に物語っているではないか。「一休の思うツボにはまった」というが、一休は読者（直接には会下の衆）に錯覚や幻想を抱かせるような幻術を弄して詩的陥穽に陥れ、「ほりゃ、みごとに騙されおったわい」とほくそ笑んでどうするというのだろう。右の詩がそんな意図で作られたとは、考えられないことである。

仮に一休晩年の性愛生活が、色情狂の老人による単なる夢想、性的妄想ではないとすればの話だが、これは驚くべきことである。信じがたいほどの身体強健、精力絶倫の老和尚である。スーパーマンである。いったい何を食っていたのだろう。「淡飯粗茶」がその日々の糧だったはずだが、なんとしても不思議である。「破戒の者は諸根《しょこん》不具《ふぐ》の身と生ず」などと無住法師は言っているが、どうしてどうして、われらが破戒の大和尚は「諸根不具」どころではない。中年以後の婬坊来往で男根を鍛えに鍛え精力を養った結果であろうか、それとも若い時から愛飲していた濁醪が骨の髄まで染み通り、不死身の体になっていたものか。

肝要なことは、一休は年若い盲女との性愛にただただ無条件に陶酔して溺れ、それに埋没しているわけではないということだ。その眼は自分の色欲自体をも、性愛の諸相をも、しっかりと見極めようとしている。そしてそれを積極的に肯定しているのである。一休晩年の愛の詩は、もはや単なる愛欲、色欲、淫行の域を突き抜け、霊的、超越的なものにまで達していると見るのは、過大評価であろうか。老年の性愛をテーマとした右の詩にしても、「健全な」世間の感覚からすれば、色情狂の瘋癲老人のたわごと、痴情のあからさまな表出にすぎまい。それを「美しい」などと言うと眉をひそめられるだろう。枯淡の境地に至らず、枯れることを知らぬ老年者の愛の文学などというものは滑稽なもの、包み隠すべきものだという「健全な」世の常識が、そう感じさせるのである。こういう詩を淫《みだ》らとか、おぞましいと感じたり非難する人の詩的感性を、私はむしろ疑うものだ。一休が最後に到達した詩境は、簡単には理解されそうにない。

「森也」の「也」という字に「女陰也」とする解があることを市川氏の書で知ったが、一休がそれを知った上でこの詩を作ったのかどうか、私にはわからない。それをも汲んで訳せば、次のような意になるであろう。現代日本語にすると、なんとも間の抜けたものになってしまい、ここでも漢詩というものは翻訳不可能であると、改めて感じざるをえない。漢詩は漢詩の形でしか表現できないのである。ちょうどラテン語詩が、ヨーロッパ近代語訳にさえも、その持ち味や真髄が移し得ないのと、同じことである。

木は枯れ凋み、葉も落ちた老残の身にまた春が巡ってきたことじゃ、
緑なす葉は繁り、花は咲き、昔交わした約束は新たによみがえったぞ。

森《しん》よ、おまえとの性愛がわしにもたらした恩を忘れたりしたら、
わしは未来永劫地獄落ちじゃ。

先に言っておいたが、実はこの詩にかんしては、以上のような主観的、ないしは文学的な解釈とは異なる、より冷静かつ「学問的な解釈」がある。それによれば、私がこれまでこの詩について駄弁を弄したことは、詩を正確に読まなかったことから生じた、まったくのたわごとということになるが、要は詩をどう読むかという問題に帰着する。

この詩の異解ないしは「より正しい解釈」は中本環氏によるもので、それによるとこの詩は森女との熱愛、彼女の深い情愛によって得た回春のあふれるようなよろこびを詠った作などではなく、一休が病気した折に、その平癒を祈願した森女への感謝の念をあらわしたものだという。そもそも詩の題を、「森公の深恩の願書を謝す」と読むところからして違っているのである。中本氏の解釈はその反訳が示すように、

木は衰え葉は落ちてしまっていたが、また春はかえってきた。木の葉を萌えたたせ花を咲かせて、春はもとのままにやってきた。自分も元どおり元気になり、おまえとめぐり会えた。森よ、**おまえの深恩の願書の一件をわたしが忘れてしまったら**、わたしは永劫に畜生の身になりはてるだろう。
（太字―引用者）

というものである。正確でしごく穏当な解釈なのだろうが、そんなふうに読んでは、右の詩は、ごく平凡なつまらぬ作品だということになってしまうのではなかろうか。これを「真摯な恋愛感情の表出」、「頽齢の老人が生んだ愛の詩」、「愛の讃歌」などと讃えるのは、いささか見当はずれで、おめでたい男の所業ということになるが、はてどうしたものか。不正確で学問的ではないかもしれないが、私としては、ここで述べたように、右の詩を読みたいのである。詩に正解を求めるのはむずかしいものだ。ちなみに、一休の森女への愛の詩に想を得て書かれた唐木順三氏の小説『しん女語りぐさ』には、この詩にかかわる次のような一節がある。無論フィクションだが、唐木氏がこの愛の詩をどう読んでいたか示すものとして、興味深い。

　禪師さまは朝になつて漢詩を二三首、紙にしるしてゐられましたが、そのうちの一つは次のやうな意味だと、私にきかせてくださいました。葉のおちつくした樹々も春がめぐつてくればまた若い芽を出し、花をつける。いま春が自分のうちによみがへつてきた。森《しん》よ、お前が生命《いのち》の力だ。お前の深い思ひをもし忘れるやうなことがあつたら、無量億劫、畜生の身におとされてしまふに違ひない。まあさういう意味のことを申されて、私のからだをぐいと抱き、よよと泣きに泣かれるのでした。

柳田流の説によると、これもやはりマンガの領域を出ないということになるのだろう。
続いて、やはりこれも一休にとって観音菩薩の化身と見えたであろう森女の手を讃えた、「森女讃歌」と言える詩を瞥見しよう。この詩には曖昧なところがあって釈然としないが、相思相愛の二人が今や一心同体となったことのよろこびを詠ったものと、私の眼には映る。

喚我手作森手　　我が手を喚びて森手と作《な》す
我手何似森手　　我が手は　森の手に何似《いずれ》ぞ
自信公風流主　　自ら信ず　公は風流の主なり。
発病治玉茎萌　　発病すれば　玉茎《ぎょくけい》の萌《も》ゆるを治《なお》す。
且喜我会裡衆　　且喜《しゃき》す　我が会裏《えり》の衆。

最初の句の「何似」を「何似《かじ》」つまりは「どうだ」とする読みのほか、「何ぞ似たる」とする読み方もある。八〇の老人の骨ばった手が、若い女性のふっくらとした手に似ているはずもないと思うので、この読み方は採らない。これは「わが手、仏手にいずれぞ」という「黄竜の三関」をもじったものだという。また第二句の「公」とは、自分の手を指して言ったのか、それとも「森公」（森女のこと）を指しているのか、解釈が分かれていて厄介である。これは詩のタイトルをどう解するかによっても、解釈が違ってくる。自分の手に呼びかけての作だとすると、「公」とはわが手のことで、「わが手よ、お前さんは」という意味になる。それ以上に問題なのはこの句に見られる「風流」という語であって、一休は彼の好むこの語を実に多様な意味で用いているが、蔭木氏ほかほとんどの人が、そのまま反訳で「風流」としているので、これでは意味がはっきりしないし、次の句との関連が明らかではない。大胆な解釈だと嗤われるかもしれないが、私はこの語は性的な意味で用いられており、「淫事」「交情」を意味しているものと解したい。そう解してこそ、これに続く「発病すれば玉茎の萌ゆるを治す」すなわち「おまえの手は、わしが淫欲を起こして陰茎が立つと、それを癒してくれる」と言っている意味がわかるのではないか。

今泉氏は「公」を自分の手と解して、第三句、四句を、

　本当に本当におまえは風流の主だ。
　病気になっても癒して一物の立つ気分がわいてくる。

というふうに解している。「発病する」というのは、ただ病気になるというのではなく、「淫欲の病が起こる」ことを意味していると思うのだが、今泉氏のような解釈も十分成り立つ。富士正晴氏も同様な見解で、

　この場合、わたしは「公」が「我手」の気がしてならぬ。そうなると、これは一休オナニーの詩になってしまうが、それも一説、かまわぬではないか。

と言っている。最後の句が言わんとしていることも、人により解釈が異なる。
こういったことを勘案し、諸家の訳を参考にして私なりの反訳を試みると、詩意はこういうことかと推測される。

わが手を森女の手と呼んで重ね合わせてみた
わしの手は森女の手と比べてどうじゃろう、
森公の手こそは色事の主だと信じておるわい。
淫欲の病が起ってもよおせば玉茎が立つのを癒してくれるわ、
まずはうれしや、わしの身内になってくれたのは。

蔭木氏が、最終句「且《しゃ》喜《き》す、我が会裏《えり》の衆」を「お見事な、わが弟子達よ…」と反訳しているのは何がお見事なのかまったくわからない。石井氏がこれを「こんな女性を、わが家に迎えたことを、ただ喜ぶ」としているのは、大胆な意訳だが当たっていると思われる。富士正晴訳では「その上嬉しいことにわが身内たち」となっているのも、ほぼ当を得たものと思えるが、「会裏の衆」は「身内たち」と複数に解する必要なく、門下一同をひっくるめて言っているのだから、ここは単に「身内」でいいのではないか。水上勉氏が、「公」を森女と受け取り、この句を、「且《しば》らく喜ぶ、我が会裏《えり》の衆」と読んで、「お前さんは素晴らしい人だ、と、周りの連中も喜んでくれる。」という風に解しているのは、漢詩の語法としては無理があるのかもしれないが、そう解したい気持ちはよくわかる。

いろいろと語句に面倒なところがあって、なんともわかりにくい詩だが、ただ一点、はっきりとわかることは、老いた一休が若い美女の手を取りそれをわが手と比べて、あるいは重ね合わせて一体となし、そのよろこびをしみじみと述懐していることである。頽齢の老和尚が、おそらくは枯れ木のように骨ばった、しみだらけになった手で、若い女のふっくらとした手を取って、幸福感に浸っている情景が、この一篇から浮き上がってくるようだ。この瞬間に、一休は脳裏で若き日の姿に帰っていたかもしれないし、母の手で愛撫された幼時の姿に化していたかもしれない。若き日の先に見た詩と同様に、これもまた一休が観音菩薩の化身と観じた森女に抱くやさしい気持ちと、その性愛の恩への感謝を表出した純愛の詩であり「森女讃歌」なのだと、私には見える。彫琢され、磨き抜かれた傑作でも、名詩でもないが、老年者のおだやかな恋の詩として、それなりに十分に美しいと言えるのではなかろうか。「玉茎云々」といったあからさまな表現はあるものの、それは「黄金の穴」、「稚児の穴」と言うような露骨な表現をもつ、男色、女色の詩とはやはり質を異にしていることは確かである。老年の恋が生んだ、正直で素直な詩だと評したい。先に見た「美女の婬水を吸う」とか、「婬水」と言うような題をもつ詩にしても、これからその様相を窺おうとしている詩にしても同じことである。右の詩は、愛の歓喜を詠った最晩年の森女にまつわる一連の詩でも、詩人としての一休が最も輝きを放っていることは、誰の眼にも明らかではなかろうか。

四　眠れる美女・いとしい女

一休が薪村で森女と生活を共にする中で生まれた、午睡《ひるね》する彼女の姿を詠った詩が二篇

ある。「森美人の午睡《ごすい》を看る」、「森公午睡」と題されたものがそれである。どちらも恐ろしく素直な、ほとんど素朴なと言ってよいほどの詩であって、一休がこの女人をいかにいとおしく思い、溺愛し、慈しんでいたかが、直截に伝わってくる作である。両詩篇とも中国の故事をふまえてはいるが、余計な修辞を凝らしたり、技巧を弄したりしておらず、講釈、解説を要しない。それを瞥見しよう。

看森美人午睡　　森美人《しんびじん》の午睡《ごすい》を看る
一代風流之美人　　一代風流の美人、
艶歌清宴曲尤新　　艶歌　清宴　曲尤《もっと》も新たなり。
新吟断腸花顔靨　　新吟　腸を断つ　花顔の靨《えくぼ》
天宝海棠森樹春　　天宝の海棠《かいどう》　森樹《しんじゅ》の春

まず注目すべきは、この詩では森女が「森美人」呼ばれていることである。幸いなことに、彼女の姿を描いた画が伝わっている。先に言ったように、女色の経験豊かで、女人の美しさ、その魅力には人一倍に敏感だったに相違ない老和尚が、「美人」と呼んで心を奪われ、溺愛した女人である。彼女がどんな容姿をしており、何が「したたかな好色漢」でもあった一休をさほどにまで惹きつけたのか、やはり興味があるところだ。

ここに森女の姿を画いた絵があるが、一休が高弟玉垣居士こと祖心紹越に与えた頂相《ちんぞう》つまりは肖像画に、一休と共に描かれている女人がそれである。唐木順三氏がまぎれもない「近代人の顔」と評したこの和尚の顔だが、水上勉氏が言っているようにとても皇胤とは思われず、どう見ても田舎の百姓親爺としか私の眼には映らない。後小松帝の第一皇子として生まれたと伝えられるが、『年譜』が例によって、「繦褓《きょうほう》の中に処《お》ると雖も、龍鳳の姿あり」つまりは「生まれたときから高貴な相があった」などと記しているのは、そこからして嘘くさい。光源氏にはほど遠く、女性にもてそうな感じはしない。眼光炯炯ではあるが、素朴な顔立ちと言うべきだろう。

それはともかく、森女の肖像だが、これも幸いなことに、私自身数年前に五島美術館で開かれた「一休和尚展」で、実物をじっくりと見ることができた。今手許にある二種類の写真版で確めると、縦長の「一休宗純並盲女像」には、上部に緑色の袈裟をかけた一休の半身像（円相像）が円形の枠の中に描かれ、その下に鼓を前に置き、緑色の畳に坐った盲女の像が描かれている。坐った左側には、盲人のささえである杖が置かれている。上部には一休自身による賛があり、それには、

大円相裏現全身
画出虚堂面目真
盲女艶歌笑楼子
花前一曲万年春

前大徳寺天沢七世
東海順一休老衲
自題与玉垣居士云

大円相裏《だいえんそうり》に全身を現ず
描き出せり虚堂の面目真《めんもくしん》
盲女の艶歌　楼子を笑う
花前の一曲　万年の春

前大徳寺天沢《てんたく》七世
東海順一休老衲
自ら題して之を玉垣居士に与うと云う

と書かれている。下部の盲女の像の両脇には「森上郎御歌」として、

おもひねのうきねのとこにうきしつむなみたならではなくさみもなし
（思い寝の浮寝の床に浮き沈む涙ならでは慰みも無し）

という彼女の歌が散らし書きで書かれている。赤い衣装を着て、腰下から真っ白な衣を羽織り眼をつぶったその顔はまだ若く、色白でふっくらとしており、どこか肉感的なものを感じさせるところがある。画で見るかぎりさほどの美人とも思われないが、ともあれその姿が、一休の眼には楊貴妃にもまがう一代の美女と映ったのである。画ではわからない女性的魅力があったのだと想像される。客観的に見て、彼女が実際に美人だったか否かは問

題ではない。美は所詮主観の問題であって、要は老いた一休にとっては、まだ若い盲女がかぎりなく美しい女であり、観音菩薩そのものだったことが重要なのである。彼女が艶歌をうたっていて、それに一休が強く惹かれ心魅せられたのだとすると、おそらくは美しい声の持主であって、その声音も大きな魅力の要素だったのではなかろうか。実際、女性の声がもつ魅力は大きい。(ついでながら、良寛和尚晩年の恋の相手であった貞信尼は、その美貌で評判の女性であったが、惜しむらくは声がひどく悪かったという。)

その美人午睡の姿を、一休が詠ったのが右の詩と、その後で眺める「森公午睡」という二首である。

右に引いた詩について言えば、最終句の「天宝の海棠」というのが、一休が繰り返しその悲運と非業の死を詠った楊貴妃を指していることさえ知れば、ほかは珍しいほど平易で明快である。一休はこの詩で森女と楊貴妃のイメージを重ね合わせているとみてよい。一応反訳してみる。一休にとって楊貴妃は美人の代名詞であった。

森女は一代の風流な美人、
清らな宴でうたう艶っぽい歌は、ひときわ新鮮。
新たな歌を聞けば腸《はらわた》もちぎるる思い、花の顔《かんばせ》その靨《えくぼ》、
海棠の花のような楊貴妃か、春を迎えた森女の姿か。

例によって、これも富士正晴のとぼけた訳がおもしろい。第三句を

新しい歌　腹はりさけるよな　花のかんばせあの笑窪

とさらりと訳してのける芸当にはかなわない。学者先生の正確一点張りのお固い反訳では、一休の詩の味わいが伝わらないような気がして仕方がない。ついでに余計な憎まれ口をたたくと、古典学者あるいは国文学者が古典詩や和歌に付した訳など見ていると、まったく詩的な味わい乏しく、この人は何がおもしろくて詩や和歌を研究しているのだろうと、不思議に思うことが稀ではない。かく言う私も、そう言われる側の一人なのだが。

それはともかく、一休は「眠れる美女」に惹かれて、一人静かに横になり、微かな寝息を立てて午睡していたであろう彼女の姿にじっと見入って、耐えがたいほどのいとおしさが胸中に沸いてくるのを感じつつ、この詩を作ったのであろう。あるいは後日その場面を想起しつつ、一篇の詩として作り上げたのかもしれない。楊貴妃を持ち出したりはしているが、これが一休の現実生活とはまったくかかわりのない虚構で、夢物語の一コマである必然性はどこにも感じられない。愛する女人の枕許に坐って、その寝姿をやさしく見守っている老僧の姿が、眼に浮かぶような詩となっている。この詩のどこにも禅だのなんだのはないと思うし、これが一休の禅文学だと説かれても、得心がいかない。この詩のどこに「禅の理」といったものがあるのだろう。ここに見られるのは、禅の奥義を極めた悟達の高僧でもなければ、険峻な禅匠でもなく、狂風を吹き起こしては畿内一帯を徘徊していた

破戒僧でもない。逆行誇示の詩に見られた、どこか肩をいからせたところのある「風狂」の奇僧でもない。年老いて初めて女人の真の愛を知り、人を恋することも、性愛のよろこびをも味わった一個の老人が、いとおしさに胸締めつけられる思いで、愛する盲女の枕辺にじっと坐っているだけである。素朴だが、老年の愛を詠った一篇の美しい詩だと思うのである。これが一休の現実生活とはかかわりのない空想で、一休老年の詩的遊戯《ゆげ》だとは、私には信じられない。

もう一遍、同じテーマの詩を見てみよう。これも多言は要しない。

森公午睡

客散曲終無一声
不知極睡幾時驚
覿面当機胡蝶戯
誰聞日午打三更

森公の午睡《ごすい》

客散じ　曲終わりて一声《いっせい》無く、
極睡《ごくすい》　幾時《いくじ》に驚くかを知らず。
覿面当機《てきめんとうき》　胡蝶の戯れ、
誰か聞かん　日午《にちご》に三更打すを。

この詩も「覿面当機」という語が、「相手を見るやいなや、ただちに」という意味であることと、「胡蝶の夢」が『荘子・斉物篇』に出でくる、「荘子が夢に胡蝶となったが、めざめると自分が夢に胡蝶となったのか、胡蝶が夢に荘周となったのか、わからなくなった」という有名な話をふまえていることさえわかれば、詩意全体は明瞭である。但し最後の句だけはどうにもその意がわからず、蔭木、石井両氏の反訳も、ただそのまま現代日本語にしているだけなので、結局何が言いたいのか不明のままである。わからぬ箇所はそのままとし、ひとまず反訳してみよう。

客も帰り曲も終わって、
しんとして誰の声も聞こえない、
ぐっすり眠っているおまえは、いつ眼をさますのか、
おまえを見ていると、胡蝶が戯れている夢を見ている心地じゃ、
昼日中に　夜中の時を打つ音を、誰も聞かない。

石井氏は第三句の「覿面当機」を「覿面機に当たる」と読んで解釈しているので、蔭木氏の「即今只今《そっこんただいま》、物我一如の境地にいて」という反訳とは異なり、これを「眺めていると、胡蝶の戯れを夢に見るようだ」と訳している。ここは石井氏の解釈に従いたい。この詩も前の詩と同じく、薪村の庵で何か音曲の会が催され、客が帰った後に閑散とした部屋で一人静かに午睡している森女の寝姿を詠った詩である。季節はわからないが、夏の日の午後ではなかろうか。森女はそこに集まった人々に艶歌をうたって聞かせたのかもしれない。一休は尺八の名手でもあったというから、盲女が鼓を打ちつつうたい、一休がそれに合わせて尺八を吹く、といった情景も想像できよう。そして音曲の会が終わって後、森女は疲れて午睡し、ぐっすりと眠っていたのであろう。その寝顔に見入っての作と

見える。内容から見て、前の詩と同じ機会に作られたものと推測される。これもまた荘子にまつわる名高い中国の名高い故事を踏まえていることと、最終句の意味がもう一つ意味がはっきりしないことを除けば、きわめて直截簡明な詩であって、過度に中国古典詩の措辞や技法で鎧われてもいない。前の詩同様、ここにも禅機だの禅要なんだのといった面倒くさいものはなく、老僧一休が愛し慈しんでいる女人に抱く、かぎりないやさしさがあふれた一篇だと、私の眼には映る。この詩のどこが禅機のあらわれで、「禅文学」だというのか。素朴ではあるが、一休老年の恋から生まれた純度の高い愛の詩だと評してよい。一休の詩にしばしば見られる尖ったところがなく、おだやかで、それが好もしい。こういうリアリティーを強く感じさせる詩が、柳田氏が主張するように一休の現実の生活とは関係なく、単なる空想、夢想から生まれたものだとは、私には到底思えないのである。それが一休の実生活での体験を直叙したものではなく、愛する女人の理想化や芸術化の意識が作用していることは認められるにせよ、これを純然たる虚構、夢物語とは言えないと思うのである。

この詩もそうだが、先に言ったように、漢詩というものはラテン語詩と同じく翻訳不可能だと、改めて痛感せざるをえない。翻訳に向いた言語があるすれば、それはラテン語だろうが、仮に、わが国で唯一のラテン語詩人であった Aritsuneus Mizuno 先生のようなラテン語の達人が名訳を生んだところで、そんなものを読む人は誰もいないだろう、少なくともこの国ではそうである。

この詩も富士正晴氏の手にかかると、第二句が、

　わからんな、ぐうぐう睡《ね》てるのいつ起こそうか

という、いささか漫画的なものとなっている。意味不透明な第四句については、「眠れ、眠れ、森よ、今は真夜中、よう眠れということらしい。よくは判らんが。」などと、おもしろいが無責任なことを言う、困ったおっさんでもある。仮に私ごときが同じことを言ったら、禅門の方々から、「なんと不真面目な。一休禅師の御高作をなんと心得る、喝！」と一喝され、三頓棒で殴られて、尻を蹴飛ばされること間違いなしである。

五　森女いとしや・森女の春遊

先に恋を知るのは若者ばかりではなく、老人もまた恋する存在であることを言ったが、老年の恋は若い世代のそれとは自ずと異なる性質のものである。恋愛というものは、その根底に異性（または同性）に対する性的欲求があることは、誰しも否定できまい。

若い人の恋は激しく、性愛としての形をともなうことが多いが、性への欲求や衝動が鎮静化したり消滅してしまった老人の恋は、どちらかと言えばおだやかで精神的な要素が強いのが普通である。それを思うと、時に爛れるように激しい性愛行動を表出した一休の恋は、まったく例外的だと言ってよい。頽齢になってもなお女性への関心が並外れて深かっ

たらしい作家の中村真一郎氏が、八〇歳を過ぎて『老木に花の』のような、高齢者の猛烈な性愛生活を描いた王朝小説を遺作としたのも、枯淡を尊ぶこの国の文学としては、珍しい現象だと私には思われる。

老年の恋は、男の側から言えば、心惹かれる女性の姿を眺めたり、声を聞いたり、言葉を交わしたりするだけでも、その女性が傍にいるだけでも、幸福感にひたることができたりもするのである。ゲーテのような詩人であれば、そんな憧れを誘う女性を詩に詠うだろうし、画家であればその姿をキャンバスに描いたりもするであろう。芸術家でない普通の人でも、憧れの人の名前を意味もなく幾度も紙に書きつけたり、ひそかにその名をつぶやいたりするかもしれない。確かアリストテレスが『修辞学』で言っていたと思うのだが、人間にとって「想起する」という行為自体がよろこびをもたらすからである。詩人はその愛する女性をことばで造形し、定着させ、精神的な愛の証とするのである。一休はそういう側面をもつ詩人でもあった。

鉄人一休にしても、性愛を否定せず蔑まずむしろ積極的に肯定した、枯れることを知らぬ精力絶倫の怪物的エネルギーの持主だったとしても、森女相手に日夜性愛の悦楽にひたっていたとは思われない。すでに森女との愛の生活が始まっていた後に作られた、男色を詠った詩（これは先に一瞥したが）で、

八十窮僧大藞苴　　八十の窮僧《きゅうそう》は大藞苴《らそ》

婬坊興半尚勇巴　婬坊興半ばにして尚お勇巴

などと言っているのは、どう考えても文学的誇張ないしは虚構であろう。虚勢を張っているよう趣さえある。八〇の老人が森女との性愛に満足せず、なおも婬坊に出入し、それにも飽きたから男色に耽ったとは、想像の外だからである。性愛は森女との愛で十分に充たされていたはずである。そればかりか、一休頽齢の恋には、老年者のそれにふさわしい精神的要素が優っている詩もある。前節で見た森女の午睡を詠った二篇がまさにそれであった。

午睡する森女の姿を詠った詩もそうだが、何篇かの愛の詩は、性愛とは離れた形で、慈しみ溺愛する森女のことを詠っている。愛する女人が自分の傍にいる、その姿をながめ、その声を聞く、それだけですでによろこびであり、心満たされたりするのである。そういう自然な形での愛の流露を物語る詩を二篇窺ってみよう。いずれもおだやかな老年の恋がもたらすよろこびにあふれる詩であって、性愛の詩にみられるような物狂おしいところやギラギラしたところがまったくなく、これまた好もしい。良寛の恋の歌にやや近づいた詩境だと評せるかもしれない。二篇とも過度の修辞や典故の重みに押しつぶされていない、珍しいほど平易な作である。こういう詩は特に説明や講釈を要しない。最初の詩は秋、二番目の詩は春の森女の姿である。

九月朔太郎、森侍者、　九月朔《ついたち》　森侍者、紙衣を村僧

紙衣於村僧　禦寒。　より借り、寒を禦《ふせ》ぐ。瀟洒愛
瀟洒可愛。作偈言之。　すべし。偈を作りて之を言う。

良宵風月乱心頭　良宵《りょうしょう》の風月　心頭を乱し、
何奈相思身上秋　身上を相思う秋を何奈《いかんせん》。
秋霧朝雲独瀟洒　秋霧　朝雲　独り瀟洒《しょうしゃ》、
野僧紙袖也風流　野僧の紙袖《ししゅう》も也《ま》た瀟洒。

時節は旧暦九月の初め、夕方急に寒さが増し、森女は薪村の村僧から紙衣《かみこ》を借りて、寒さを防いだというのだが、その姿が実にすっきり、さっぱりとしていて、愛らしくて仕方がない、というのである。第三句の「朝雲」という言葉に、楚の懐王の故事伝説をふまえ、恋の情を匂わせているほか、典故は用いていない。ごく平明な森女賛美の愛の詩である。恋の気分は漂っているが、性愛の匂いは無いと言える。一休が鍾愛する森女を眼を細めて眺めている様子を、彷彿とさせるような感じの作と受け取れる。森女の美しさや愛らしさに一休が抱く心情を、素直に吐露した一篇であって、老人が眼の中に入れても痛くないほど可愛い孫娘の姿を見るよろこびに近いものがあるように感じられる。柳田氏が説くように、これが全くの虚構で、単なる空想だとは信じがたい。これが「禅文学」でなければならない必然性は、どこにも感じられない。これは次の詩と同様に詩的結晶度はさほど高いとは言えないものの、恋の詩としての純度は高く、それなりの魅力はもっていると私には思われる。蔭木、石井両氏の反訳に学んで、私なりの訳を付しておく。

素晴らしい夕暮の風や月に心は乱れ、
相思相愛の秋は、どうしようもない思い。
秋の霧、朝方の雲、森女ひとりがすっきりとした愛らしい姿じゃ、
村の僧にかりた紙衣《かみこ》もまた、風流。

秋の森女を詠った詩から眼を転じて、今度は一休と彼女の春の遊びを詠った詩を見ておこう。これも平易な詩で、愛する・女人と二人で春遊を楽しむ一休が、うららかな春の日に浮き立つようなよろこびを味わっていることを想像させる作となっている。
この詩は後半二句、とりわけ第三句に見逃せないことが詠われている。

森公乗輿
鸞輿盲女屢春遊
鬱鬱胸襟好慰秋
遮莫衆生の軽賤
愛看森也美風流

森公輿《しんこうこし》に乗る
鸞輿盲女屢《しばし》ば春遊し、
鬱々《うつうつ》たる胸襟《きょうきん》　秋を慰むるに好し。
遮莫《さもあらばあれ》　衆生の軽賤、
愛し看る　森も也《ま》た美風流。

盲目のお森《しん》は、立派な輿に乗って、しばしば春の野遊びに出かける、
胸ふたぐ愁いを晴らすのには、なによりじゃ、

世の衆が軽蔑するならするがいい、
上品なお森がいとしうて、姿を見るのがうれしくてならぬわい。

心浮き立つ春の日に、一休が森女と一緒に輿に乗って、野遊びを楽しむ情景を詠った詩である。あるいは春の遊びに出かけたのは森女一人で、一休はそれを見送っているのかもしれない。花々咲き、緑が燃えいずる頃、女人は一層美しさが増すものだ。盲目ではあっても、森女もまた春の息吹を全身で感じ取り、そのよろびにかがやいていたのであろう。輿に乗ってはしゃいでいたのかもしれない。一休と愛の日々を過ごすこととなった森女は、その愛を享けて幸福感につつまれていたであろうが、その一方で心晴れぬ重苦しい鬱情に苦しめられてもいたらしい。「鬱々たる胸襟」とは、そのことだろう。「御老師さまは、わたしに夢中でいらっしゃる。でもわたしのような者が、御老師さまの御寵愛を一身に集めたりしていてよいものか。仏道の妨げともなり、御迷惑ではないのかしら。」というような気持が、その胸中に宿り、心を暗くしていたことは十分にありうるのではないか。私がそんな想像をめぐらすのも、唐木氏の小説の一節にある、

情痴の世界に酔い痴《し》れながら、痴れることに満ちたりた思ひもありながら、これでよいのかと思ふ心のうづきもあり、禪師さまのやうな世間からうやまはれ、名の通ったお方を、このやうな世界へおとどめもうしておくのは、などといふ反省も心にのぼ

りました。

という森女の告白などが脳裏に浮かぶからであろうか。第二句の「鬱々る胸襟」を、作者一休の心情と解することも可能だが、私はやはりそれを、森女の鬱情を言っているのだと解したい。

森女をひたすら溺愛する一休を、その会裏の人々（その中には近侍していた「御阿姑上郎」も紹固という少女もいた）がどんな眼で見ていたのかはわからないが、中には森女の存在を疎ましく思ったり、苦々しく見ていた者もいたらしい。忖度すれば、『年譜』の中に森女を一切登場させず、崇拝する師と森女の熱愛などには一切言及していない、没倫紹等なども、その一人ではなかったろうか。尊敬する老師が、どこの馬の骨かわからない若い盲女を連れ込んで、日夜その愛に溺れているのは見苦しいと思った弟子がいたとしても、不思議ではない。この間もずっと一休に近侍していたと思われる御阿姑上郎や紹固という少女の嫉妬があったことも考えられる。この頃の作と見られている詩には、御阿姑は姿を見せていないから、あるいはすでに一休の許を去っていたのかもしれないが、紹固が身辺にいたことは確かである。物ぐるわしいほど一途に森女を熱愛する一休を、軽蔑する者さえもいたことは、「軽賤」という語が見える第三句が、そういう状況を暗示していることから、よくわかる。あるいは薪村の中にも、老僧が輿などに若い女と一緒に乗って、春の野遊びにしばしば繰り出すのを、奇異の眼で見て、苦々しく思う人がいたのかもしれない。

一休は明るい春の陽光を浴びた森女の姿を眺めつつ、幸福感に浸っていて、「世の衆(より具体的には、一休を取り巻く人々であろう)が、森女に溺れるわしを軽蔑するならするがいい、彼女はこの孤独な老人の愛を全身で受けとめ、渇仰を癒してくれる。この薄幸の女に寄り添い、その愛に生きることが、なによりのよろこびじゃ。今のわしにとって、弥勒菩薩、観音菩薩の化身である森女こそが、誰よりもいとおしく大切じゃからな。ほれ見てみい、あの美しい姿を。」と一休は言いたのだろう。真の恋を知った老和尚の決然たる愛の表明である。もはや禅もくそもない。狂風を吹き起こしてさんざん荒れ狂い、女色淫楽を尽くしても、女人の愛に満たされることのなかった「老狂薄倖」の僧が、死の迫った頽齢にしてようやく知った恋のよろこびを、じっと噛みしめているのがよくわかる。和尚がこのように詠う森女のどこに、空想から生まれた「神女」の姿があるというのだろう。この詩のどこに禅機や禅要があるというのか。これが「禅文学」でなければならない必然性はどこにもないのではないか。一休老年の恋が時に性愛を離れて純粋さや精神性を増し、慈愛に近いものに近づくこともあったことを、この明るい詩は物語っていると、私には思われる。それとも一休和尚の遊戯《ゆげ》の幻術にたぶらかされ、その陥穽にはまって、六道地獄にいる和尚をにんまりとほくそ笑ませているのだろうか。右の詩は、『狂雲集』を彩る森女との愛の詩の中では、私の好む一篇である。

六　危機の時・死が迫っての誓い

一休七八歳の折の住吉薬師堂での運命的な邂逅の日から始まり、八八歳での死に到るまで、一〇年の間続いた森女との愛だったが、危機を迎えた瞬間もあったらしい。それを窺わせるのが、成立の事情を物語った序を付した次の詩とそれに続く詩である。先に見た直截明晰な詩とは違って、二篇とも禅が深く絡んでおり、それだけに厄介である。

この二篇は森女との愛を詠った詩の中では最も難解な作品で、大いにてこずらざるをえない。いずれも臨済禅の祖師の一人で「一日作《な》さざれば一日食《くら》わず」を実践したことで知られる、禅の祖師の一人百丈懐海和尚にまつわる伝承を背景にもつ作で、一首目は楼子和尚にまつわる第四句が難解とされ、人により解釈が大きく異なる。最終句の意味もはっきりせず、詩全体の意味するところも曖昧で、わからぬところだらけで、難物だが、先学の解釈に学んで私なりに理解できたところを述べてみたい。この詩にかんして言えば、ただ一点、みずから食を断って死を選ぼうとしている森女の姿に、一休がひどく悩み、その心の痛みを吐露した作であることだけは、はっきりしている。その一首目はこんな詩である。

盲女森侍者情愛甚厚。　盲女森侍者《しんじしゃ》情愛甚だ厚し。
将絶食殞命愁苦之　将《まさ》に食を絶って命を殞《おと》さんとす。
余、作偈言之　愁苦《しゅうく》の余、偈を作り、之を言う。

百杖鋤頭信施消
飯銭閻老不曾饒
盲女艶歌咲楼子
楚台暮雨滴蕭々

百杖《ひゃくじょう》の鋤頭《じょとう》　信施《しんせ》消え、
飯銭閻老《はんせんえんろう》　曾《かつ》て饒《ゆる》さず。
盲女の艶歌《えんか》　楼子《ろうし》を咲《わら》う、
楚台《そだい》の暮雨　滴蕭々《しょうしょう》

序は、「盲目の森侍者は情愛が大変深い。それが今みずから絶食して命を落とそうとしている。わしはそれを憂えて心配し、思いを述べた。」ということを言っている。どんな事情があって、一休と相思相愛であったはずの森女が、絶食してまで命を絶とうとしたのかは不明だが、前の詩にかんして言ったように、その背景として、彼女が周囲の者たちの非難や冷たい眼を怖れ、それに悩んだということが想像される。「わたしのような者がお傍にいては、御老師様の仏道修行に障りとなり、人々の教化にも邪魔になる。ここから姿を消せばいいのだろうか、そんなことをしても、結局探し出され、連れ戻されるだろう。いっそわたしがこの世のから姿を消してしまえば、御老師もあきらめてくださるかもしれない。」森女の心中を勝手に忖度すれば、そんなふうに思い詰めて、絶食して死ぬ道を選ぼうとしたと考えられるのではないか。一休にとっては意想外のことだったろうし、自ら死を選ぼうとしている森女の姿を見て、胸が張り裂けるほどの心痛を覚えたことが、序から伝わってくる。「森女の情愛が深い」という事実と、なぜ彼女が絶食して命を絶とうとしている」という事実との関係、脈絡も不明である。一休への愛が深いあまりに、そのしがらみとなって師に迷惑かけまいとして、命を絶とうとしたのだ考えたいところだ。

わからぬ箇所が多く詩意不透明だが、先学の力を借りて、ひとまずなんとか反訳だけはしてみよう。

この詩は「一日作《な》さざれば、一日食わず」と言ってみずから耕し、お布施を受けなかった百丈懐海《ひゃくじょうえかい》の行状を言うことから始まっている。実はこの前半の二句からして、諸家により解釈が異なるのだが、わかりやすいのは、二階進氏の

百丈禅師は生涯鋤をとって作務をやめなかったというのに、
わしは信者からの布施を、女色にふけってむなしく費やしてしまった。

という反訳に見られる解釈である。（第二句目はちと怪しいが。）

それはよいとして、「盲女の艶歌　楼子を咲《わら》う」という第三句が、果たして何を言いたいのか、なんともはっきりしない。蔭木氏もその難解さを指摘し、「さっぱりわからない」と嘆息しつつも、これを「盲女森侍者の艶歌は、無心の楼子和尚のようになろうとする衲《わし》を笑う。」と反訳している。石井氏の訳は

お森の唱う艶歌は、楼子和尚が花柳の巷で聴いた歌よりも、
はるかに心に染みる。

となっており、まったく解釈が異なっている。今泉氏はこの句を、「森女の色歌は、楼子

とそれに倣《なら》う者を笑ってものともしない」という意に解している。中川氏はこれを、「われわれに比べれてその日その日を体当たりで生きているこの盲女の艶歌には、遊里の楼子の歌には感じられないものがある。」と、これまた違った解釈である。富士正晴氏訳の「盲女の艶歌にゃ　娼妓かたなし」に到っては、なんのこっちゃ、と言うほかない。最終句も蔭木氏、今泉氏は、「楚台」を懐王の故事に関連させて、ほぼ字義どおりに反訳しているが、石井氏は第四句を別のテクスト「黄泉涙雨滴蕭々」に拠って、「あの世に行って流す涙のような雨が静かに降っている。」と反訳しており、いずれもこの句と前の三句とのつながりがはっきりしない。要するに、詩意不透明と認めざるをえない作である。この詩で一休が何を言いたかったのか、和尚の霊を六道地獄から呼びしてみないとわからない。こんな詩を作ってもらっては、後世の読者としては大いに迷惑である。和尚、困りますぞ。

よくわからぬままに、一応反訳してみると、こんなところか。

百丈和尚は一日耕さねば一日食わずで、お布施の呉れ手はなくなった、
地獄に降れば閻魔大王、怠け坊主の一生の飯代の取り立てに容赦なし。
盲女の艶歌は、色街で悟ったとやらの坊主を笑っておるわ、
その歌聞けば、楚台に夕暮、もの淋しくも雨が降る。

水上勉氏の解釈は、学問的には不正確なのかもしれないが、文学的で心に染みるし、こ

の詩の雰囲気をよくとらえているように感じられる。後半二句だけ引くと、

　盲目の美女の艶歌は、酒楼で笛を聞きながら大悟した楼子和尚を笑うように、
　死出の旅かなしみをかなでて、とめどなく涙をさそう。

となっている。いかにも文学者らしい受け取り方である。

　これに続く次の詩も右の詩に劣らず厄介である。蔭木氏の解釈によれば、これは愛の詩というよりは、会裏の弟子たちに禅の参究を促した詩、というよりは偈そのものだということになるらしく、そんなものを現代の読者に解れというほうが、そもそも無理な話である。まずそれを掲げる。

看々涅槃堂裡禅
昔年百丈钁頭辺
夜遊爛酔画屏底
閻老面前奈飯銭

看《み》よ、看《み》よ　涅槃《ねはん》堂の裡、
昔年百丈钁頭《かくとう》の辺《へん》。
夜遊　爛酔す　画屏《がへい》の底、
閻老面前　飯銭奈《いか》んせん。

　この詩でまずわからないのは、涅槃堂（僧侶の病室）で座禅しているのが誰なのかということである。蔭木氏によればそれは森女であり、石井氏によれば一休自身である。次に、夜遊びして、絵屏風の陰で酔いつぶれているのは一休自身であるとしても、それが食

を絶って命を落としそうになっている森女と、どうかかわっているかが、明らかではない。森女に座禅の習慣があったとは思いにくいし、ましてや絶食して瀕死の森女が、病室で座禅を組んでいる情景は、どう考えても想像できない。蔭木氏の、

（森侍者が絶食して養生している）病室の禅をよく看《み》よ、

という解釈、或いは別の箇所（『中世風狂』の詩）で示された反訳、

よく見よ、今病室で断食している（森女）の禅を

に見られる解釈は、どう考えても不自然に思われる。やはりここは石井氏の、

見てごらん、お森が養生している病室で坐っている儂を、

という風に受け取るのが当を得ているのではないだろうか。つまり一休は食を絶って衰弱し、床に伏している森女を見て、心痛のあまり彼女の枕辺を離れがたいままに、そこで座禅を組んでいるのだと思われるのである。それと続く百丈和尚絶食の古伝とが、どうかかわるのかよくわからないが、森女は愛情が深いがために絶食し、百丈和尚は、大切な作務を奪われたので（弟子たちが老師の体を心配して、鍬を隠してしまった）食を絶ったのだ。それなのにこのわしときたら云々、ということかと推測される。ひとまずそう解して、反訳を試みよう。

とくと見よ、森女が床に伏している病室で座禅するこのわしの姿を、
昔百丈和尚は鍬を隠されて食を絶ったものだ。
わしときたら夜遊びして絵屏風の陰で泥酔してしまったが、
地獄で閻魔に飯代を取り立てられたら、どうするんじゃ。

大体こんな意味かと思われるが、わからぬところの多い詩で、閉口させられる。森を詠った詩の中では、上々の出来栄えとは言いかねる作だと決めつけるのは、浅慮早計であろうか。すくなくとも愛の詩として感動を呼んだり、共感を誘ったりする力を秘めている詩でないことは、確かである。こればかりは、加藤氏の言う「恋愛表現の極致」とは到底言いかねる。中国の故事に寄りかかりすぎているるために、その重みで、意味不透明になってしまっているのは残念だ。ちなみに、蔭木氏が説くところでは、

この詩は「百丈野狐」の公案から読み直すと、

病室の不昧因果（因果の法を達観）の禅を徹見せよ。森女は厚い情愛の為に自ら食を絶ったが、百丈禅師は道のために作務に励み、鍬を隠されると断食なさったのじゃ。
ここの所を能く見つめて、参究せねばならんぞ。

という味読が可能となる、ということだが、そこまで深読みしないと駄目なのだろうか。禅絡みのそんな難しい読み方をしなければならないとなると、禅者以外の誰も、このたぐ

いの詩を読まなくなってしまうのではないかと、それが心配である。一休詩の読者は何も禅門の徒ばかりではない。その文学を禅機、禅要を求め「禅の理」を悟るためにではなく、純粋に文学として享受する読み方もあっていいと思うのは、禅を知らない一俗人の身勝手な言い分であろうか。

一休は森女と熱愛のうちに過ごした日々を振り返った「懐古」と題する二篇の詩で、

愛念愛思苦胸次　愛念愛思《あいねんあいし》　胸次《きょうじ》を苦しむ、
詩文忘却無一字　詩文を忘却して　一字も無し。

と言い、

十年溺愛失文章　十年　愛に溺れて　文章を失す、
不是行天然即忘　是れ行に不《あら》ず　天然に即ち忘ず。

などと言って、森女への愛が詩作の妨げとなったかのように述懐しているし、さらにはまた、

苦哉色愛太深時　苦なる哉《かな》　色愛太《しきあいはな》だ深き時、
忽忘却詩与文章　忽ち忘却す　文章と詩と。

などと詠ってもいるが、その実、森女と過ごした至純の恋愛生活の中から、詩人として彼が遺した作品の中でも最も詩的結晶度が高く、文学的な意味をもつ詩篇を生んだのである。この点は改めて強調しておかねばならない。これまで『狂雲集』の詩としても扱いにくい、エロティックで露骨淫蕩な性愛詩、淫詩のみと見られがちだった、森女との愛をめぐる一連の詩は、老年者の恋愛詩として、新たな文学の眼、詩眼をもって読み直されねばならないと思うのである。

さて以上で、いかにも雑駁で不十分な瞥見の域を出なかったが、ここで森女を詠った一連の愛の詩の「垣覗き」を、ひとまず終わりとしたい。最後にこの世にも稀有な老年者の愛、一休和尚一代の大恋愛がどのような形で終焉を迎えたか、和尚「辞世」の偈に眼をやって、ちょっとばかり見ておこう。一休最晩年のほぼ一〇年にわたって続いた森女との恋は、和尚の遷化とともに終わったが、それとともに愛の詩も終わったからである。

一休には「辞世」がいくつもあるが（用意がいいことだ。かく言う私も早々に辞世の狂歌と狂句を作ったのはいいが、なかなか「お迎え」がやってこず、「生ける亡者」としてながらえている身を、日々愧じているのである。）その辞世の詩の一篇は次のようなものである。この辞世の詩は『狂雲集』の内閣文庫本に見られるもので、『一休和尚全集』には収められていないので、中川氏の著書から借用させていただく。反訳は私によるものである。

十年花下理芳盟　十年花下に芳を理《おさ》む、
一段風流無限情　一段の風流無限の情。
惜別枕頭児女膝　惜別す枕頭児女の膝、
夜深雲雨約三生　夜深くして雲雨三生を約す。

この十年間にわたり花の咲く下で兪《かわ》らぬ愛を誓い合ってきた、
わたしたちの愛は格別に風流で、限りない情愛にあふれたものだった。
おまえの膝に別れを告げて、世を去ってゆかねばならぬのが心残りじゃ、
夜深く情愛を交わしながら、三世にわたる契りを交わしたというのに。

実は右の辞世の詩が、森女その人にかかわるという証拠はない。だがこれが一〇年にわたって激しく愛し合い、晩年の一休にとっての観音菩薩となり、また詩女神ともなった森女に別れを告げる詩であることは、誰の眼にも明らかである。「惜別す枕頭児女の膝」というのは、「もうお前の膝を枕にして眠る、あるいは憩うこともないのが、心惜しくてならぬ」という哀惜の念を表出したものである。一休が八八歳という高齢で世を去る日まで、一〇年という歳月にわたり老年の愛をはぐくみ、性愛の歓喜にひたり、そのよろこびを詠った相手が、他の女人であるとは考えられない。中川氏は右の「児女の膝」とは森女ではなく、御阿姑上郎であった可能性もあるとしているが、これはあり得ないと思う。一

休がいくら多情であったとしても、全身全霊を傾けて愛した森女がいるのに、さらに三世の愛を誓い合うほどの、別の女人を必要としたとは、到底考えられないからである。（一休の愛を享けたこの御阿姑なる女人は、森女が一休のもとに身を寄せるようになる前に一休の近侍を辞して去っていたか、あるいは没していたのかもしれない。）

一休は死の床に就くまで森女を手放すことなく、愛し続けたのである。過去、未来に渡る三世の愛、永遠の愛を誓い合った女人に看取られ、彼女への未練を胸中に、「死にともない」という、いかにも人間的な言葉を残して遷化したのであった。人はこれが禅の奥旨を極め、わが国で唯一の臨済禅の正系たることを揚言してきた名高い禅僧の辞世であることに、驚かないだろうか。なんと辞世の詩が、禅者としての死生を越えた悟達の境地や、俗世を超脱した高遠な世界に遊ぶ宗教者の到達点を示すのでなく、死によって引き裂かれねばならぬ、愛する女人への無限の哀惜の念の表出なのだから、驚くに値しようというものだ。

いかにも、一休は、持戒と破戒の間を激しく揺れ動き、数々の奇行や破天荒な言動によって狂風を巻き起こしては荒れ狂った奇僧、怪僧であり、一個の禅者としても傑出した存在ではあった。だがみずから「著述の佳名　我が命根《みょうこん》」、「万端を忘却して詩未だ忘れず」と述懐しているとおり、本質的には、詩人そのものであったことを、右の辞世の詩は雄弁に物語っていると言ってよい。それもただ単に詩人であったのみならず、その最良の部分が森女をめぐる愛の詩である詩集の作者だったと言いたいのである。柳田氏によれば、『狂雲集』は「新たな禅文学」だというが、その大半（約三分の二、五〇〇首ぐらいか）が禅そのものにかかわる偈が占めている『狂雲集』という作品は、純粋な文芸作品とは認めくいところがあることは確かだ。なんともユニークな作品であるにしても、全体として見れば、第一級の中世文学の作品としては、位置づけられないかもしれない。だがその中の華であり一休の文学の到達点でもある森女をめぐる一連の愛の詩は、漢詩という詩形を用いて宗教者が女人への愛を詠った、他に類を見ない、純度の高い異色の恋愛詩として記憶され評価されてよい。水上勉氏が一休頽齢の恋について洩らした次のような言葉は、禅をも禅文学なるものをもよくは知らない一俗漢である私の共感を、深く誘わずにはおかない。ただし私は水上氏とは違って、一休和尚の高さにぬかずいたりはしないが。

日本の禅僧のなかで、このようなすばらしい恋に生き、情愛の詩篇をのこした僧は、一休をおいてほかに誰がいようか。ぼくら後世の凡俗の崇拝者が、人しれずこの和尚の高さにぬかずくのは、たてまえや、戒律にわずらされる宗教人ではなくて、人間的なあまりに人間的な自由な生活を愛された態度にだろう。天衣無縫の人であった。（『一休を歩く』）

一休は、虚堂智愚を継いだ大応国師南浦紹明の正系、当時の日本における臨済禅の唯一の正嗣たることを自負していたが、禅に対する態度があまりに潔癖過ぎ、険峻だったためか、結局その禅は彼一代をもって終わった。してそれは彼自身が望むところでもあった。

なにぶん天皇から庶民、下層の人々に到るまで恐ろしく広範囲な人々と接触をもち、当時の文化人との交流も密だったから、多方面への影響力があったことが指摘されている。連歌の宗祇、柴屋軒宗長、俳諧連歌の山崎宗鑑、弟子で画家でもあった墨斎こと没倫紹等、曽我蛇足、茶道の祖である村田珠光、能の金春禅竹といった錚々たる面々が、感化を受け、その影響下にあったとされている。ここに上げた人々はいずれも、その芸術の世界で革新的な役割を担った芸術家であった。一休は、つまりは多方面にわたる文化指導者、精神的リーダーとして、大きな役割を果たしたわけである。単なる宗教者、禅匠としての域を越えた、そういう面での活躍から言えば、一休の役割と存在感は確かに大きい。しかしその禅を継ぐ者はいず、禅門の異流として、一休の法脈はその後栄えることはなかった。その点で、一大教団を築いた蓮如や親鸞とは大違いである。結局、室町時代という、未曽有の乱世と狂気の時代であり、同時に新たな創造の世紀でもあった時代を生きたこの一代の奇僧は、『狂雲集』という世にも破天荒な作品を生んだ人物として、後世のわれわれに想起されるべきなのかもしれない。

残念ながら、世に流布している「とんち小坊主一休さん」的イメージ、『一休咄』が作り上げた、世人の意表を衝く奇矯な言動で、破天荒な振舞いをした飄逸な坊さんとしての伝説に覆われて、詩人としてのその貌は広く知られてはいない。現在の日本人には疎くなりつつある漢詩という詩形式に盛られているために、この一代の奇僧が、老年の恋を詠った美しい詩を遺したことを知る人も、少数の専門家を除くと稀である。暴虎馮河の行為とは知りながらも、私が一介の狂詩・戯文の徒として、そういう詩の「藪睨み垣覗き」を試みたのも、それを惜しんでのことである。

ちなみに一〇年の歳月にわたって一休の愛を一身に享けた森女だが、禅師の死後、後半生をどう生きたかは明らかではない。恐らくは一休周辺の人々の配慮によって、師が眠る酬恩庵の近くに小庵を提供され、亡くなるまでの日々をそこで送ったものと推測されている。彼女は自分が、限りない愛をそそいでくれた一休晩年の詩女神だったことを、どう思っていたか知る由もないが、二人で過ごした愛の日々を胸中で繰り返し反芻しつつ、亡き師を偲んでいたのではなかろうか。それは、おそらくはそれまで遊芸人として流浪しつつ、幸薄い日々を送っていたであろうこの盲目の美女にとっても、生涯で最も幸せな時期だったに相違ない。

先にふれたように、彼女は一休の一三回忌、三三回忌に、出家して比丘尼となって「森侍者慈伯」の名で、それぞれかなりの供養料を納めている。一休との愛が始まったときに三〇歳前後だとすると、七〇歳を越えて亡くなったものと思われる。

第五章　付論

「美人」とは大燈国師のことか
——柳田聖山氏の所説に関する素朴な疑問

柳田聖山氏の著書『一休　狂雲集の世界』は、実に驚くべき書である。この本は高く評価され読売文学賞を受賞した名著だが、その大胆な所説、新たな視点からの『狂雲集』解釈によって、一休研究史における革命的な役割を果たしたと言えるであろう。なぜなら、『狂雲集』にかんして、それまで数多くの一休研究者や文学者などによって提示されていた一休像を、根本的に覆す新解釈が展開されているからである。第四章でも少々言及したが、柳田氏の所説によると、氏以前に『狂雲集』を読んで、そこで告白され、描かれている一休像を論じた人々は、すべてこの詩集（偈）集が正しく読めていなかった、読み誤っていたという結論が、氏の所説から必然的に導き出されるからである。

柳田氏は『狂雲集』という作品を、「空想でもなければ、単なる写実でもない、真の禅文学」の創造だととらえ、その中の華であり一休の詩の到達点と目されている森女にまつわる一連の詩は、現実や一休の実体験とはかかわりのない夢想だと見なし、それが中国の古典をベースにして一休が作り上げた空想の産物、「森女物語」だとする新たな説を提唱している。氏が『一休　狂雲集の世界』で展開している十二篇の詩の緻密な読解や鑑賞は、漢詩にかんする豊富深甚な学殖を十二分に駆使し、一篇一篇の成り立ちの背景やその意味するところを解明したもので、その透徹した読みには感嘆のほかない。

禅そのものや一休の文学そのものは言うまでもなく、漢詩すなわち中国古典詩に精通し、五山文学にも造詣が深い氏の論法は、まことに周到かつ緻密であって、その方面の学浅い者には、容易には異を唱えることは許されそうにもない。かく言う私は禅には暗く、五山文学には疎く、中国古典詩にしてもごく皮相な知識しかもたない一愛好家にすぎない。どだい漢詩の学殖が氏とは比較にならないのである。そんな浅学の元横文字屋の輩が、禅学の大家で一休研究の権威である柳田氏の所説に疑義を呈し、異論をとなえるのは増上慢そのもの、所詮は蟷螂の斧と失笑を買うだけであろう。それを覚悟の上で、敢えて氏の見解や所説に疑念を呈することにしたのは、森女をめぐる詩篇のとらえかたと、大燈国師を詠った詩の解釈には、どうしても納得、承服できないところがあるからである。言わぬは腹ふくるるわざ、「遮莫《さもあらばあれ》衆生の軽賤するを」といった気持ちで、玉砕覚悟で感ずるところを述べさせていただく。狂詩・戯文の徒にすぎない、一老耄書客の妄言と受け取っていただいてさしつかえない。

柳田氏の所説、とりわけその「森女物語」説に関する私なりの疑念ないしは「反論」は、前章で少々述べたが、ここでもう少し言い足して疑問点を示しておきたい。

まず『狂雲集』という作品全体にかんする氏の所説だが、私にはこれにも納得できない部分がある。氏は一休のこの詩集の中から約三分の一ほどの三百首を選び、それに「純蔵主のうた」、「夢閨のうた」という二部に分けて歌謡調の口語訳を付し、注を施した書を世に問うている。氏独自の解釈に立ったこの本は画期的なもので、これによって大いに蒙を啓かれたところもあるが、なんとも言えぬ違和感を感じたこともまた事実である。最もなじみがたいのは、その歌謡調の口語訳で、なかんずく作中の一休の自称が、「ボクは」となっていることと、奇妙なカタカナの多用だが、これは読者の趣味もあるので、云々しても仕方なかろう。

より重要でまた納得しがたいと部分があるのは、『狂雲集』という詩集全体の性格にかんする氏の見解である。氏は同じ序文で、この詩集の特質を指摘して、

いったい、一休の作品はすこぶる色っぽい。近来作家の注目を呼ぶ森女関係の作品はその一部にすぎない。色っぽさは、『狂雲集』全体を覆うのである。仏祖をたたえ、禅の考案を歌う、すべての作品のどこかに、すこぶる屈折した色気が感じられる。

と述べている。またそれに続いて「情事の意味」という箇所では、

『狂雲集』の色っぽさは、すべてそうした一休の禅の屈折した体質より来ている。一休の全身に、歌わずにはいられない意欲が溢れていた。言ってみれば、男女の情事ほど、一個の生きものとしての人格が、完全燃焼せずにはおかぬ、基礎体験の事実も

のはないだろう。一休はそうした男女の愛や性の言葉によって、自己の孤独な禅体験を語るのだ。

とも言われている。禅の専門家であり『狂雲集』を知り尽くしている大家のお言葉であるから、素人は「はい、さようですか」と承ればいいのだろうが、素人なりに『狂雲集』を通覧してみると、果たしてその通りなのかという不遜な疑念も湧いてくる。この詩集が「色っぽい」のは認めるにしても、その大半を占める禅の教義、奥旨などに関わる作品、祖師たちへの賛などは、一休の性への関心、女体思慕とはかかわりが薄いとしか感じられないのである。（但し法兄養叟一派を痛罵嘲笑したり、禅門の堕落を攻撃したりしている詩には、エロティックな表現も用いられてはいるが。）時の室町幕府の暴政を糾弾したり、応仁の乱にまつわる時局を詠じたり、地獄絵図のような世相を描き詠った作にしてもやはりそうである。一休が好み私淑していた屈原、陶淵明、杜甫、蘇軾、黄庭堅、林逋といった詩人像を描き詠った詩にしても、まったく性の匂いなどはしない作ばかりである。どこが「色っぽい」のか、私にはわかりかねる。氏に言わせれば、「すべての作品のどこかに、屈折した色気」を感じないような輩は、『狂雲集』が読めていないのだということになるのだろうが。

結局「色っぽい」のは、この詩集全体に性の匂いを強く漂わせている、かなりの数に上る「酒肆婬坊」での女色淫楽の詩、その性愛詩によって強い印象を与える、森女との愛の詩をはじめ、一休が好んで詠った、昔の中国での楊貴妃や班捷予、王昭君などの「宮女失寵」の詩などであって、それが『狂雲集』全体を覆いつくしている特質だとは言いがたいと思うのだが、どうであろうか。そういう作品の与える印象があまりにも強烈であるため、『狂雲集』全体が「色っぽい」と感じるのではないだろうか。このたぐいの詩が、一休の女性への絶大な関心「強烈な女体思慕」から発しているのは確かだとしても、それが『狂雲集』全体の特質だというのは、これを「垣覗き」しているだけの一素人である私には考えられない。「色っぽさ」が当てはまるのは、この詩集でなんらかの形で女性（あるいは男色）に関わる作品だけではないだろうか。これが第一の疑問である。

もう一つ疑問に感じる点は、柳田氏の『三体詩』に関する見方である。この宋代の詩選集が五山の詩僧たちの作詩上の教科書、手本であり、一休はそれを自家薬籠のものとした上で、多くそれに依拠して『狂雲集』の詩を作ったのだと氏は説いている。それは事実であろうし、若き日の詩作の師であった暮喆竜攀を通じて、『三体詩』の詩風を学んだ五山詩を吸収していたことも、知られている。だが疑問の点は、『三体詩』自体をどうとらえるかである。

この詩選集について、氏は次のように言われる。

『三体詩』の特色は、天下国家の大事よりも、一種の女々しい私情、たとえば宮女の失寵、官吏の左遷、隠者の生態という、徹底した個の悲哀に、文学主題を求める、一種のたをやめぶりにある。そこにもなお私かな政治批判の気分が、それとはなしに私むことは当然ながら、文学の本領は、**あくまで男女の情事に代表される、色っぽさにあるとみられる。これが中国文学の本質だというのである。**（太字―引用者）

柳田氏の指摘は確かに肯綮に当たっているところがあり、『三体詩』の一特質をよくとらえているとは思うが、宋代に編まれたこの詩選集が、柳田氏が強調するほど「たをやめぶり」を特色としているかどうか、そこにも疑念がわいてくる。「文学の本領は、あくまで男女の情事に代表される色っぽさにあるとみられる。これが中国文学の本質だというのである。」と言われるが、「言志」を基本理念とし、雄渾にして悲壮な詩が多い『唐詩選』などに比べれば、「色っぽい」のが特質だとしても、果たして『三体詩』は、「たをやめぶり」こそが中国文学の本質だ、などという積極的な主張に基づいた詩選集なのだろうか。これも納得がいかない点である。

そこで私の愛読書でもある『三体詩』の全詩をあらためて通覧して確認すると、いかにも王昌齢の「長信秋詞」をはじめ、王健の「綺岫宮」をはじめとして、班捷妤、美姫西施、楊貴妃などの悲運を詠った詩がかなりの数見出され、失恋の哀しみを詠ったり、愛妾の死を哀惜したりした詩もかなりの数が収められていることがわかる。中唐・晩唐の詩を主体とするこの詩選集に多く収められている杜牧や李商隠など晩唐の詩人たちが「個の悲哀」を多く詠っているというのも、そのとおりである。そういう面から言えば、士太夫の文学として「言志」を旨とし、悲壮雄渾でしばしば政治的色彩を帯び、天下国家の現実を詠うこ詩の多い『唐詩選』とは、性格が異なっていることは事実だろう。しかし細かに点検すると、収められている詩の内容は、結構多岐にわたっていることが確認できる。つまり「たをやめぶり」ならざる詩もまた多いのである。確かに全体として抒情性が濃厚で、李白や杜甫をはじめとする『唐詩選』に集う詩人たちの作とは、詩風が異なることは事実だとしても、「たをやめぶり」ばかりを強調して、この詩選集の特質とすることには、疑問を感じざるをえない。

祖師の一人で一休が尊崇してやまなかった虚堂智愚が私淑し、一休がその詩風に深く影響されていることを、柳田氏が強調する許渾の詩にしても、収められている一六首のうち、過去の滅びた王朝の宮女たちの悲哀などを詠った詩は、私の見るところではその三分一以下、四首ほどでしかない。つまりの一休の詩の「色っぽさ」は、「たをやめぶり」を特色とする『三体詩』に発するものだとは言い切れないと思うのである。この点が、柳田氏の見解についての、私が抱いた二番目の疑問点である。

三番目の疑念あるいは疑問は、一休が深く尊崇していた大燈国師についての詩の解釈に関わるものである。それについて、いささか贅言を費やしたい。

白状してしまうと、このたぐいの禅プロパーのことをテーマとする詩（偈というべきだろうが）は、私のような禅に疎い門外漢にはよくは、というよりもむしろさっぱり、わからない。にもかかわらず、これを取り上げるのは、これから問題にする詩の柳田氏による解釈が、あまりにも大胆で独自性が強い、というか独特に過ぎるように思われ、納得、承服できないからである。氏の新解釈は、これまでの先学諸家による解釈を完全に覆そうとする革命的な新説だが、この詩についての氏の懇切丁寧な新解釈を説き聞かされても、それはあまりにも持って回った解釈ではないのか、なぜ一休は、作者である氏以外には誰も詩意を正しく読み取れず、謎解きを要するような、そんな手の込んだやり方で作詩したのか、一向に釈然としないのである。

問題の詩は次のような、一見ふてぶてしい破戒行為の誇示としか受け取れない作品である。この詩は大徳寺でも寺の開山である大燈国師百年忌が営まれた際に作られたとされている。

　大燈忌宿忌以前
対美人
宿忌之開山諷吟
経咒逆耳衆僧声
雲雨風流事終後
夢閨私語笑慈明

　大燈忌宿忌《だいとうしゅくき》以前
美人に対す。
宿忌の開山諷吟《ふぎん》、
経咒《きょうしゅう》　耳に逆《さか》らう衆僧の声。
雲雨《うんう》風流　事終わって後、
夢閨《むけい》の私語《しご》　慈明を笑う。

従来この詩は、ほぼ一致して次のように解釈されてきた。平野宗浄氏の反訳で示すと、

> 今日は大燈国師のお逮夜《おたいや》である。たくさんの坊さんがお経を読んでいる、その声がやかましく、邪魔になって仕方がない。私はちょうど美人との情事を終えた後で、ひそひそ話をしながら、あの好色な慈明和尚のことを思い出しては笑わずにおれぬ。

第四句の意味するところが厄介で、一体なぜ慈明和尚のことを笑うのかということにかんしては、様々な説があるが、それ以外は、ほぼ読んで字のごとし、というのが柳田氏以前の一般に認められた解釈であった。平野師はこの詩について、

> この偈頌は**一休の昼下がりの情事という光景**（太字―引用者）だが、開山様のお経を読んでいる声が聞こえる場所であるから、一休の実存的精神の躍如たるところであろう。題名は宿忌以前となっているが、実際は宿忌の最中の情景である。

と注記し、第四句の意味するところについては、やはり注記で、

> 寺の近くで慈明が婆子といっしょに住んでおり、持明は楊岐が迎えに来て上堂したが、俺は絶対にしないぞ、という一休の内心が慈明を笑う。

という解釈を提示している。普通に素直に読めば、このような最も至極と思われる解釈が導き出されるはずである。平野師は先にも「一休の破戒」の項でふれた『一休と禅』では、さらに突っ込んでこの詩のもつ意味について、次のように述べている。引用が長くな

るが、これは省略せずに引いておかねばならない。

まずこの詩は一休の最も尊敬する人物である大徳寺開山大燈国師の開山忌の宿忌に、その読経の声を聞きながら、美人と寝ている自分を表現している。あるいはフィクションであるかもしれぬが、いずれにしろ常識的にいえば大変な背徳行為である。しかも注目すべきはその実存的な行為とその表現である。最も神聖で且つ厳粛この上ない開山忌の行事で、その読経の聞こえるさなか、全く同一次元において美人と同衾している。自由の可能性の限りを尽くした、すなわち恣意の自由の徹底したものといえる。一般に破戒といわれるようななまやさしいものではない。自分の最も尊敬する祖師への冒瀆という言葉も及ばぬが、そういう徹底した冒瀆を自分が平然となし得るという、即ち自己の悪への可能性の鋭い追及であり試練であったともいえる。そういう行為を内在しながら、この詩は行為そのものの現実的な描写をしている。（太字――引用者）

石井氏も、基本的には同じ方向での解釈であって、この一篇は、一休が美女との情事をことさら誇示した作と見ている。他の先学たちも基本的には同じ受け取り方をしており、定解とは言わぬまでも、そのような解釈が、ほぼ定着していると言ってよい。ただし、「耳に逆らう」とは「忠言をさす。ここでは忠義がおのナマグサ坊主より先に、俺は国師にお目にかかっている気分」を言っているだと説く柳田説を受け入れてのことかと思われるが、蔭木氏はその『中世風狂の詩』では、こんな解釈を示している。

わしは三世成仏・衆生済度の誓願をたてて慈明禅師を笑った。
（忠告に従い）**亡き国師と風流なことを契《ちぎ》り終わり**（真如を体得し）（太字—引用者）
衆僧の唱える経咒が衲《わし》には耳の痛い忠告に聞こえる
お逮夜《たいや》で開山の霊前でお経をあげているが、

これは、なんとしてもこの詩に禅機を読み取りたいという願いから出た苦しい解釈のように見える。この詩を素朴かつ短絡的に読む一素人には、なんとしてもわかりかねる持って回った解釈だと言ったら、お叱りを受けるだろうか。

いずれにせよ柳田氏は従来の大方の解釈を全面的に否定し退けて、右の詩の「美人」とは大燈国師のことであり、この詩は実は、「**他の坊主たちは、法要の読経が済んだ後で、初めて大燈に会うのだけれど、俺の方は前の晩から大燈と一緒に寝てますよ**（太字—引用者）」ということを言っているのだ主張する。（氏の訳注になる『狂雲集』では、この詩のタイトルは、「大灯国師の法要。前夜、すでに「美人」に会う歌」となっている。）これはまったく新たな解釈である。氏によれば、「一休はここで、**前夜よりすでに**（太字—引用者）大燈と出会ったことの感激を高らかにうたいあげているのだ」と言って、「この秘密を解いたのは、おそらく私がはじめてであります。」との自信ものぞかせている。ちょっと不思議なのは、この詩の題には「大燈忌宿忌以前」とあるのに、詠われているのはこのお逮夜（命日の前日。午後から経を読む）の最中のことだということである。平野師はこれを、「題は宿忌以前となっているが、実際には宿忌最中のことである。」と説明されている。それならばこの矛盾点は理解がゆく。確かに、どう読んでもこれは、法要の最中に坊主たちの読経の声がやかましく聞こえてくる情景を詠った作としか思えない。柳田氏の論は、坊主たちのうるさい読経の声を聞きながら、自分は前夜の体験を語っているということなのだろう。氏はまた、従来の一休解釈が、「ともすればのぞき趣味に堕している」とし、それは『狂雲集』をまともに読まないからだとも、述べている。

つまりは、市川氏、加藤氏をはじめ、平野、陰木、石井、中本氏など、これまで『狂雲集』に作者一休の何らかの実体験の反映を読み取り、作品解釈をおこなってきた先学たちは、この詩集をまともに読まず（あるいはそれが読めず）のぞき趣味から、一休の人物像や、その作品を云々してきたことになってしまう。この詩を読んで、畏れ多くも開山の師の法要の前日に、それをよそに美女と交情に耽っていることを詠うとは、とんでもない坊主だ。」と呆れたり、「堕落した似非信心の大徳寺の坊主どもへの反発心から、敢えて己の背徳行為を誇示高言してしてみせるとは、さすがに一休ならではのおこないだ」と感心したりするのは、すべて『狂雲集』を誤読したことから生じた妄想にほかならないということになる。そうなると、『狂雲集』を文学者の眼で読み、そこに作者の実生活、実体験が反映、投影しているものとみて、一休やその周辺の人々を主人公にした作品を書いた作家や批評家は、論外だというわけだ。

残念ながら『狂雲集』の怠惰かつ素朴な一読者に過ぎない私には、柳田氏が従来の研究や解釈に降した批判の当否を、明らかにできるほどの学識も用意もない。だが右の大燈国師の詩にかかわる氏の革命的な新解釈には、やはり違和感を抱かざるをえないし、納得できない部分が大きいことは言っておきたい。

氏は中国古典詩にかんする豊富かつ深甚な知識を駆使して、この詩の詩句の成り立ちや詩句のもつ意味を解明し、「美人」とは大燈国師を指していることを、解き明かしてゆく。その手法は綿密かつ用意周到であって間然するところがなく、素人には到底反論できない。一八頁にわたるその解明のプロセスを、ここで一々あげるわけにはいかないが、「美人」という語についての素朴な疑問がわいてくるのは禁じえない。氏は「美人」という語についてこう述べている。

『狂雲集』には「美人という句が頻出しますが、それはその時と場合に応じて、ダルマであったり、釈尊であったり、大燈であったり、虚堂《きどう》であったりするわけです。自分尊敬してやまない仏祖を美人と呼ぶところに、一休の特色があり、文学作品としての詩の面白さもあるのですが、それを一休の詩生活と結びつけて、卑俗に解釈することに、私は賛成できません。むしろ腹が立って仕方がないのです。

（氏による『狂雲集』でのこの詩の注には、「美人　大灯国師その人を指す。片時も忘れぬ美人である。」とある。)

右に引いた一文にかんして言えば、氏はなぜ森女をはじめ『狂雲集』に登場する女人たちが「美人」と呼ばれていることに言及しないのだろう。さらに素朴な疑問を呈すれば、『狂雲集』では、多くは「雲雨」、「風流」といった語で表現されている女色淫楽や、女人との交情を詠った作品で用いられ、女人を意味している「美人」という語が、なぜこの詩の場合は大燈国師を指しているのか、それが不思議である。中国古典において「美人」という語が、美女ではなく、「立派な人」、「君子」といった意味で、男性を指して用いられていることは、確かに氏の指摘されるとおりである。だが『狂雲集』で一休が「美人」云々と言っている場合は、楊貴妃や王昭君、班捷といった中国の悲運の女性たちだったり、森女をはじめ、多くが彼の交情の相手だったり、遊女、娼妓だったりしていることが多い。それがここで取り上げた詩に見られる、交情を言う「雲雨」という詩語と結びついてあらわれる場合は、ことにそうである。

この詩の真意を見抜いているという柳田氏は別として、たとえ一休の直弟子であっても、これを読んだ人は、誰一人として「美人」という語が、大燈国師を指して用いられているとは気がつくまい。美人を詠った他の詩と考え併せて、誰しも皆これは一休が美女と情交していることを詠ったものだと受け取るだろう。現に氏は、『年譜』を書いた一休の高弟が、この詩の意味するところを読み違え、それによって『年譜』に、「師往きて塔下に拝す。一女子衣嚢を載して後に従う。」すなわち一休が大燈の宿忌（百年祭）に女連れでやってきたと、書いたのだと主張している。この詩は一休が連れてきたその女人との交情を詠っているものと誤解して、そう書き込んだというわけである。この主張にはどう考えても無理があるのではなかろうか。むしろ一休が女連れで祖師の法要に参列したことが異様なことであって、人々の耳目を引いたので、わざわざ「一女子云々」と『年譜』に書いたと考えるのが自然である。弟子が師の詩を読み違えてそう書いたというのは何の証拠もなく、氏の推測に過ぎない。（ちなみに水上勉氏は文学的を想像力をはたらかせ、この女人とは一休の実子とされる紹偵の母ではなかったかと、推測している。）

中本氏が説いているように、一休の偈が公的性格をもち、会裏の者たちへの教育的役割をもになっていたとすれば、なぜ柳田氏以外には誰もその詩意を見抜けず、作者の意図するところを把握できないような、ことさらに手の込んだ手法を弄する必要があったのか、そこがまた不思議である。富士正晴氏の言い草を借りれば、「そんなわからない詩を書いている一休の気がわからない。」ということである。仮りに一休が、「わからんか。この詩の本当の意味はこれこれじゃ。」と詩を誤読した弟子に明かしたとしたら、「御老師様もお人が悪い、そうとはまったく気づきませんでした。例によって、似非禅僧ばかりの大徳寺派の連中への反発から、女色淫楽をことさらに揚言誇示なさって、そんな似非信心よりは逆行のうちにこそ功勲があるのだと言っておられるものと思っておりました。」と答えるのではなかろうか。そうとるのが当然だと思う。

ともあれ氏は、「雲雨風流事終わっての後」という、他の詩では女性との交情を意味している句が、

一休は大燈を美人と見立てて、前夜から朝まで対坐したわけで、「ふつうなら傍等にも近寄れない、恐ろしい開山さまと、わしは一晩中、膝を交えて語り明かしたぞ」とうたうので、そこに一休の、大燈に寄せる並々ならぬ思慕の情、一身同体の感動がうけとれます。

ということだと説いている。その上で、最終句「夢閨の私語、慈明を笑う」を、「大燈と二人だけの秘密を含む名乗りです。」と説き、『長恨歌』を持ち出して、そこに見える名高い一節、

七月七日、長生殿

夜半人無く、私語の時、

を援用して説明をほどこし、そこでは

一休は、こういう歴史をもった言葉を、自分の詩の中に持ち込んできて、大燈と自分との内緒話は、絶対に明かすことができないこと、いくら人に説明しても、その体験を経ない者にはわからないというのです。

ということが言われているのだと説いている。中国古典詩の中の一語をもって、そこまで読み取るとは驚くべき炯眼であると評すべきかもしれない。ここでも異を唱えれば、前章で見た三篇の詩でも、「私語」という語は「愛のささやき」という一般的な意味で用いられているが、なぜ右の大燈の詩だけが『長恨歌』と結びつけて解釈しなければならないのか、その理由がわからない。右の詩句が『長恨歌』を踏まえているとしても、それをもって、ここに引いたような結論を出さねばならない必然性はないと思う。『狂雲集』において、「私語」という表現が『長恨歌』の一節を典故とした「歴史をもった言葉」として用いられているというのなら、この詩だけに限ってそれを指摘するのは、変ではなかろうか。

いずれにしても驚嘆に値する新解釈である。ここで漢詩に暗い一素人として素朴な疑問を呈すれば、先人の詩句や語句を典故として用いて詩作するのは中国古典詩の常套手段だし、ましてや外国語である中国語で詩作した日本の漢詩人が、中国古典詩の詩句や表現を借用し、それを巧みに組み合わせ、組み立てて詩を作るのは当たり前のことではなかったろうか。一休の詩を見ていて、素人の私でさえも、ああ、これはあの詩人のあの詩句を踏まえているな、あの詩句をそっくり採ったなとわかることがあるほど、その手法は顕著に認められるのである。これはこの大燈にかんする詩よりもむしろ森女との愛の詩について言えることだが、措辞や表現を中国の古典詩から借りているからといって、これこれの詩は詩想までそっくり借りているとは断定できないと思う。柳田氏が問題としている「私語」という表現にしても、それを長恨歌と必ずしも結びつけて考えなくともよいのではないか。一休はこの表現を森女との愛の詩を詠った他の詩にも用いているが、それも特に『長恨歌』と結びつけて考える必然性はないと思う。この一語をもって、右に見たような、おそろしく秘教《エルメティック》的な結論を導き出すのは、論理の飛躍があるような気がしてならないのである。それではまるで難解、晦渋、意味不透明なことで読者を悩ませる、マラルメの詩を読み解くようなものではないか。詩は謎解きではないはずである。

先にも言ったとおり、柳田氏の用意周到なその論法、詩句解明の緻密な手法は、いかにも鮮やかであるが、必ずしも十全の説得力をもつとは言いがたい部分があると思う。（私信（葉書）で恐縮ではあるが、加藤周一氏も、柳田説には成り立たない部分があると、書いてこられたことがあった。）

『狂雲集』への序文にも感じることだが、柳田氏の一休文学論を承ると、なんだか煙に巻かれているようで、『狂雲集』がまともに読めていない私なぞは、感嘆しつつも、ただ茫然とするほかない。大燈にかかわるの詩の解釈にしても、それではまるでパズルか謎解きではないか、それほど複雑な深読みをしないとこの詩はわからないのか、とつい思ってしまうのである。牽強付会というような失礼な言い方はしたくないが、かなり強引な解釈ではないかとも思う。ずいぶん持って回った解釈をしているような印象はぬぐえず、未だに、「美人」とは大燈国師だとの説には納得できないものを感じていることを、告白しなければならない。正直に言うと、氏の革命的新解釈に敬意を払いつつも、あくまで一つの仮説として受けとめたいところである。

最初に見たように平野師のこの詩の解釈は、これを特に深読みしたりせず、普通に読んだ、ごく穏当な解釈である。主として柳田氏の新解釈を念頭に置いてだと思われるが、師はこれにかんして補注でこう述べている。

ここでいう「美人」が大燈を言っているとか、禅機や禅要を、色欲や風流として表現しているとか解釈する人々があるが、私はそういう解釈はしない。素直に読むのが一休の精神にかなうと思っている。

一介の素人としては、私もやはり、平野師に従って、この詩を素直に読みたい。贅言をさらに付すれば、私は従来の先学たちと同様に、この詩は密参帖などという安易なもので禅を安売りし堕落させている大徳寺の禅坊主たちへの、痛烈な批判の意図をもった作ではないかと思う。一休は、同じく大燈国師百年忌に際して作られたと見られる別の詩の中で、

児孫多踏上頭関　　児孫《じそん》多く踏む　上頭《じょうとう》の関《かん》
一個狂雲江海間　　一個の狂雲　江海《こうかい》の間《かん》

大燈国師の法孫の多くは宮中にまで上り、高位の人たちと交わっておるわ、
この狂雲一人が、世の中あちこちを漂白、徘徊しておるんじゃ。

と昂然と言い放っており、世俗化し権力に媚びて出世している大徳寺の禅僧たちへの反発と、非難をあらわにしているが、そこからしても、ここで取り上げた詩の狙いが、大徳寺の僧侶たち批判にあることは、疑いない。開山の祖たる大燈国師の素志に背いて、純粋禅を守ることを忘れ、体制化して立派な伽藍に安住している堕落僧たちに、一休は我慢がならなかったのであろう。水宿風飡の純粋禅を守っているのは、一介の野僧であるこのわし一人だけじゃ、というわけである。それゆえ、一休は堕落した坊主どもへの面当てに、精進潔斎すべきお逮夜に、敢えて不遜にも、美人相手に淫楽に耽っている己の姿を誇示しているものと解したいのである。「祖師様にそんな有難くもない御経なんぞがなり立てておいても、御迷惑じゃ。そんな真似をするよりは、今わしには女のほうが大切なんじゃ」と、ふてぶてしく高言しているものと解するのである。

堕落したくそ坊主どもが、わけもわからず大声で読経しているのが
美人と寝ているわしの耳には、やかしまいわい。
閨を夢見るわしは美人との交情を終えて、愛の囁きを交わしているところだが、
慈明和尚なんぞとは違って、呼ばれたからといって、
のこのこ寺に戻ったりような滑稽な真似はせんぞ。
(あるいは、わしはここで美女と囁きかわしているのに、
わざわざ門前まで女に会いに出かけたとは、

持明和尚もご苦労なことじゃ、と笑っておるわい。）

といった意味に解するのは、やはり「のぞき趣味」だということになるのだろうか。柳田氏は、「美人」という語を、一休の私生活に結びつけて卑俗に解釈する輩に、「腹が立って仕方がないのです。」と言われる。とすると、ここで取り上げた詩の「美女」とは、やはり一休の交情相手の女人で、「衣嚢」をもって一休に付き従っていた人物ではないかなどと邪推している私は、氏のお怒りをこうでむるわけで、三頓棒で殴られ、喝！　を喰らわされても、致し方ないわけである。漢詩の学浅く、禅をも解さない俗漢の悲しさである。

「遮莫《さもあらばあれ》柳田氏の軽賤するを。」

主要参考文献

一休関係

『一休和尚全集』全五巻、春秋社一九九七年〜二〇〇三年
第一巻「狂雲集」［上］　平野宗浄訳注
第二巻「狂雲集」［下］　蔭木英雄訳注
第三巻「自戒集・一休年譜」平野宗浄訳注
第四巻「一休仮名法語集」飯塚大展訳注
第五巻「一休ばなし」　飯塚大展訳注
『狂雲集・狂雲詩集・自戒集』、中本環校注、現代思潮社、一九七六年
『一休和尚大全』上・下、石井恭二、河出書房新社、二〇〇八年
「狂雲集」市川白弦校注、日本思想体系『中世禅家の思想』所収、岩波書店一九七二年
柳田聖山『一休　狂雲集の世界』、人文書院、一九八〇年

柳田聖山『狂雲集・純蔵主のうた／夢閨のうた』、講談社、一九八二年
柳田聖山『一休・狂雲集』、講談社、一九九四年
『一休　狂雲集』、二階進編訳、徳間書店、一九七四年
富士正晴『一休』、筑摩書房、一九七五年
蔭木英雄『中世風狂の詩』、思文閣出版、一九九一年
『一休和尚年譜』１・２、今泉淑夫　校注、平凡社、一九九八年
『一休　骸骨』　柳田聖山編、禅文化研究所、一九八三年
『一休道歌』、禅文化研究所編注、禅文化研究所、一九九七年
『一休ばなし集成』、三瓶達司、禅文化研究史書篇、一九九三年
『一休の禅画』、日貿出版社、一九八四年
古田昭欽『一休』、雄山閣、一九四四年
唐木順三『中世の文学』、筑摩書房、一九五五年
唐木順三『応仁四話（しん女かたりぐさ）』、筑摩書房、一九六五年
永田耕衣『一休存在のエロチシズム』、コーベブックス、一九五六年
加藤周一『三題噺（狂雲森春雨）』、筑摩書房、一九六四年
村田太平『人間一休』、潮文社、一九六二年
秋月龍珉『禅門の異流』、筑摩書房、一九六六六年
市川白弦『一休』、ＮＨＫブックス、日本放送出版協会、一九六九年

西田正好『一休　風狂の精神』、講談社、一九七四年
水上勉『一休』、中央公論社、一九七四年
水上勉『一休文芸私抄』、朝日出版社、一九八七年
水上勉『一休を歩く』、日本放送出版協会、一九八八年
水上勉『一休　正三　白隠』、ちくま文庫、一九八七年
真下五一『一休　行雲流水の人』、国書刊行会、一九七五年
藤井學『一休宗純』、平凡社、一九八〇年
平野宗浄『一休宗純』、名著普及会、一九八一年
『一休・蓮如』桜井芳朗・福間光超編、吉川弘文館、一九八三年
岡松和夫『風の狂へる』、小沢書店、一九八一年
岡松和夫『一休伝説』、講談社、一九九一年
武田鏡村『一休』、新人物往来社、一九九四年
岡田茂雄『一休』、廣済堂、一九九五年
岡　雅彦『一休ばなし』、平凡社、一九九五年
舟木満州夫『一休の詩と生きざま』、近代文芸社、一九九五年
加藤周一『梁塵秘抄・狂雲集』、岩波書店、一九九七年
平野宗浄『一休と禅』、春秋社、一九九八年
中本環『一休宗純の研究』、笠間書院、一九九八年

栗田　勇『一休　その破戒と風狂』、祥伝社、二〇〇五年
山田宗敏『大徳寺と一休』、禅文化研究所、二〇〇五年
西村恵信『狂雲一休』、四季社、二〇〇六年
今泉淑夫『一休とは何か』、吉川弘文館、二〇〇七年
茂木光春『一休夢幻録』、文芸社、二〇一〇年
西村恵信『一休』、創元社、二〇一一年
中川徳之助『髑髏の世界』、水声社、二〇一三年
岩山泰三『一休詩の周辺』、勉誠出版、二〇一五年
『国文学・解釈と鑑賞、特集風狂の僧一休』、至文堂、一九九六年
別冊『太陽・一休』、芳澤勝弘編、平凡社、二〇一五年
飯島孝良『語られ続ける一休像』ぺりかん社、二〇二一年

関連文献

『五山文学集』、新日本古典文学大系、岩波書店、一九九〇年
玉村竹二『五山文学』、至文堂、一九五五年
蔭木英雄『五山詩史の研究』、笠間書院、一九七六年
山折哲雄『日本仏教思想史論序説』、三一書房、一九七三年

堀川貴司『詩のかたち・詩のこころ』、若草書房、二〇〇六年
寺田透『義堂周信・絶海中津』、筑摩書房、一九七七年
蔭木英雄『義堂周信』、研文出版、一九九九年
『文学・特集五山文学』、岩波書店、二〇一一年
「正法眼蔵」『道元上・下』、日本思想体系、岩波書店、
『道元禅師清規』、岩波文庫、一九四一年
『沙石集』日本古典文学大系、一九六六年
『今昔物語』世俗部（中）、岩波文庫、二〇〇一年
『蓮如（「御文」）・一向一揆』、日本思想体系、岩波書店、一九七二年
『明恵上人集』、岩波文庫、一九八一年
『古代中世芸術論（心敬「ひとりごと」）』、日本思想体系、岩波書店、一九七三年
『臨済録』、岩波文庫、一九八九年
『法華経』、岩波文庫、一九六七年
臼井信義『足利義満』、吉川弘文館、一九八九年
呉座勇一『応仁の乱』、中央公論新社、二〇一六年

あとがき

とうとう一休についての本を書いてしまったというのが、本書を書き終わっての感慨である。ようやくという安堵の念と、身の程知らずのとんでもないことをしたのではないかという不安とが、心中に交錯して、なんとしても落ち着かない。

私が初めて一休の作品に接したのは、今から半世紀近い昔のこと、筑摩書房の「日本詩人選」の一冊として出た富士正晴『一休』を読んだときのことである。一休の詩偈自体はむずかしくてよくわからなかったが、奇才富士正晴のとぼけた味わいの反訳や語り口のおもしろさに惹かれて、楽しく通読した覚えがある。

二度目に今度は多少まじめに一休を読んだのは、今から四半世紀ほど前に『讃酒詩話』という本を書いていた折のことである。その一章として「一休和尚『狂雲集』に見る酒」という一文を収めたのだが、今から考えるといささかこれは暴虎馮河、軽挙妄動であったかもしれない。一休の文学にかんしてさほど深い理解もないままに、勝手なことを綴ってしまったというのが正直なところである。その後横文字関係の他の仕事などに忙殺されて、ずっと一休からは離れていたのだが、老来「お迎え」が迫り無常の殺鬼の到来を感じるようになって、仏教関係の本をあれこれ読みかじっているうちに、また一休への関心が蘇って、『狂雲集』を繰り返し読むこととなった。そこで書かずもがなとは思いつつも、一介の素人として、奇僧一休についての私なりの思うところ、感ずるところを一書にまとめることを企てたのだが、これはみごとに挫折してしまった。今から五年ほど前のことである。一休についての先学たちによるあれこれの本を読みすぎて、自分自身の一休像がぼやけてしまったのがその原因だが、そもそも一休という巨大な怪物的存在の人間像を、曲がりなりにも描くこと自体が、私の手に余る無理な企てであることを、痛感したからでもあった。

とはいうものの、詩人としてずっと気になる存在であった一休についてはやはり書いておきたいという誘惑も捨てきれなかった。そこで方向転換を試み、実在の一休という人物の人間像だの「実像」だのではなく、あくまで『狂雲集』の作者、表現者・詩人としての一休の姿について、「私記」という形での気ままな随想を書いてみることとしたのである。対象を『狂雲集』の中の華と目されている森女への愛を詠った晩年の詩にしぼって、それについてと、その周辺部分のみをあつかうことに限定したのである。それでも元横文字屋の一休研究の素人にとっては、十分に力量を越えた試みであったが、老来事事盡顛狂の身は、もはや執筆にかんする自己抑制がきかないのである。本文に書いたように、「遮莫《さもあらばあれ》衆生の軽賤するを」という半ば破れかぶれの気持ちで、一気に筆を走らせること二か月余り、猛スピードで書き上げたのが本書である。一休についてもう少し深く考え、慎重に筆を進めれば、よりまともな本になったかもしれないが、なにぶん傘寿も過ぎ、衰老と老人ボケが日々加速度的に募っている身としては、それは事実上不可能である。一日仕事が遅れれば、その分だけボケが進行することは確実なので、ゆっくりと時間をかけることは許されない。積年の飲酒によりほとんど死滅した脳細胞の残り滓も、もはや尽きんとしているので、とにかく先を急がなければならない。六道地獄はもはや目前に迫っているのである。

文中一休和尚にケチをつけたり、禅門の方々に失礼な言を吐いたり、菲才を省みずに先学諸家に対して批判めいたことを書いたことは、御赦しを請わねばならない。老人性痴呆症が進行した老耄書客の妄言として、御寛恕願いたい。

私は無宗教、無神論者で来世だの死後の世界などというものの存在を信じていないが、仮にそういう世界があると文学的な空想してみるのも悪くない。『往生要集』によると、世に結構な場所だと信じられている極楽とは、ひどく退屈な場所らしい。一休和尚が好んで出没来往した「酒肆婬坊」もなければ濁醪も飲めないらしいから、そんなところでは和尚も退屈なさることであろう。それゆえ、破戒僧である一休和尚は多分六道地獄に居られ、日々鬼どもを禅問答でやりこめたり、三頓棒を食らわしたりしていると想像するほうが愉快である。五〇〇年余り後によたよたと地獄へ降ってゆく老耄の俗漢を、和尚はどう迎えるであろうか。「やや、俗漢め、ようやく来おったか。わしの生前のふるまいについて、あれこれ批判めいたことを書いたのはけしからぬが、まあよいわ。お森《しん》のことはあのとおりじゃ。禅坊主どもがそれを糊塗しようとするのが、片腹痛くてならんのじゃ。さてさて、わしの生きた時代の日本はまさに地獄そのものじゃったが、この六道地獄から遠望するに、そなたの生きた時代もまさに澆季末世じゃったな、義満、義政にも劣らぬ愚昧な権力者どもの専横と醜態は見ておれぬは。この国はもちろん、三千世界はまもなく滅びるじゃろうて。喝じゃ！」と言ってくれるとうれしいのだが。

今回本書が研文出版から上梓されるに到ったのは、川合康三京大名誉教授が斡旋の労を取られ、山本實氏をご紹介くださったことによるものである。四〇年あまり昔に、東北大学文学部で同僚として相まみえて以来、川合先生にはずっと中国古典詩にかんするご教示に与って来た。今回もまた一休の大燈国師に関する詩の解釈について、ご見解を承ることができたのは幸いであった。記して厚くお礼申し上げる次第である。

また哲学者で仏教に造詣が深い畏友兵頭高夫氏が本書のゲラに眼を通され、貴重なご意見をお寄せくださったのは、ありがたいことであった。

最後になってしまったが、なんであれ詩に関する本がまったく売れないという出版界の状況下で、本書のような、およそ一般受けしない一休の詩に関する本の出版に踏み切ってくださった研文出版・山本書店社長の山本實氏に深く敬意と謝意を表したい。

二〇二二年十月　　老耄書客　枯骨閑人　沓掛　良彦

沓掛良彦（くつかけ　よしひこ）
一九四一年生まれ。
早稲田大学露文科卒業。東京大学大学院博士課程修了。文学博士。東京外国語大学名誉教授。
ギリシア・ラテン文学、フランス文学に関する著訳書多数。東洋文学に関する著書として、「陶淵明私記」（大修館書店）、「壺中天酔歩・中國の飲酒詩を読む」（同）、「讃酒詩話」（岩波書店）、「和泉式部幻想」（同）、「西行弾奏」（中央公論新社）、「式子内親王私抄」（ミネルヴァ書房）、「太田南畝」（同）などがある。

表現者としての一休
――「恋法師一休」の艶詩・愛の詩を読む

二〇二三年三月一五日第一版第一刷印刷
二〇二三年三月三〇日第一版第一刷発行

定価［本体二七〇〇円＋税］

著者　沓掛良彦
発行者　山本實
発行所　研文出版（山本書店出版部）
〒101-0051
東京都千代田区神田神保町二-七
TEL　03(3261)9337
FAX　03(3261)6276
印刷・製本　モリモト印刷

ISBN978-4-87636-478-7